そうだったんだ！ 学校教材②

ベテラン先生直伝

計算ドリルの活用法

教え方にコツがあるのよ！
なるほど！こうやって教えればいいんだ!!
計算ドリル

堀田 龍也 監修
学校教材活用指導法研究会 著

そうだったんだ！学校教材②

ベテラン先生直伝 計算ドリルの活用法

目　次

第3章　もっと知りたい！計算ドリルをかしこく使う18のコツ！

第4章　そうだったんだ！学校教材の秘密～計算ドリル編～

＊本書は、教育同人社発行の「くりかえし計算ドリル」を参考にしています。

キャラクター紹介

【ゆみちゃん先生】
初任。初めて担任をもつことになり
何もかもが不安。

【ともこ先生】
教師歴25年のベテラン。何でも
てきぱきとこなす頼れる学年主任。

【さとる先生】
教師歴16年。
マイペースでのんびり。

【さやか先生】
教師歴13年。
温和でいつも笑顔の先生。

【こうた先生】
教師歴4年。
熱血タイプの元気印。

【たかし先生】
教師歴9年。
分析派で教材研究が得意。

【えり先生】
教師歴20年。
さばさばタイプ。時々厳しい。

【ベテラン編集者】
学校教材の編集一筋22年。
似顔絵描きが得意。

第1章

なぜ、今、「計算ドリル」の指導法に注目するのか

【東北大学大学院情報科学研究科・教授　堀田 龍也】

①「学校教材」とは何か

読者のみなさんは、自分が小学生の時、漢字ドリルや計算ドリルを使っていたことでしょう。その頃、漢字ドリルは赤またはピンク色の横長で、計算ドリルは青または水色の縦長だったはずです。おそらく宿題に出されていたのではないでしょうか。

漢字ドリルや計算ドリルは、読者のみなさんが小学生だった頃から、ほぼ全国で同じように使われていたのです。もちろん、学習指導要領や教科書改訂に対応し、学校現場の声を聞いて、最新の内容に毎年変更されています。しかし、装丁もページ構成も、さほど大きくは変わっていないのです。つまり、我が国の学校現場に「すっかり馴染んだ」教材ということになります。

漢字ドリルや計算ドリル、ワークテスト、資料集など、学校の授業や宿題で児童生徒が用いる教材は「学校教材」と呼ばれます。

学校教材の多くは、専門の教材出版社が学習指導要領や教科書を丹念に分析し、ピッタリ対応した内容になるよう制作されています。また、教材出版社から地域の特約代理店を経由して学校に直販する販売形態となっています。これによって、全国津々浦々の学校現場へ、間違いなく迅速に供給される仕組みが作られています。しかも市販の問題集等と比較するとかなり安価な価格設定になっています。これも取次店が少ない直販のおかげです。

年度初めに、実物の見本が学校に届きますが、これは地域の特約代理店が、各校が採択している教科書を参考にした学校教材を持ち込んでくれているのです。このことからも分かるように、教材出版社は教科書会社ごとに学校教材を制作しているのです。

日本図書教材協会によれば、学校教材は大きく3つに類別されます。

修得教材

スキルなどのワークブック、資料集など、授業中に学習内容を理解させるために用いられます。

習熟教材

漢字ドリルや計算ドリルなど、繰り返し学習することで練習量を保障し、学習内容の定着を図るために用いられます。

評価教材

ワークテストなど、学習上のつまずきを診断し、観点別の評価や指導法の改善に用いられます。

もしもこれらの教材を、先生方が自作しなければならないとしたら、どうなるでしょうか。ただでさえ多忙な学校現場は、おそらくパニックになります。

学校教材は、現場の先生方による的確な学習指導のサポートだけでなく、多忙化解消にも役立っているのです。

（参考文献）日本図書教材協会ホームページ　http://www.nit.or.jp/

② なぜ、今、「学校教材」に注目するのか

これまで見てきたように、漢字ドリルや計算ドリルをはじめとする学校教材は、全国の小学校の教室で長い間活用され続けています。

でも不思議なことがあります。

先生方は、漢字ドリルや計算ドリルをどの時間にやらせていますか？
すべて宿題ですか？

教科書にピッタリ対応しているのだから、実は授業中にとても役立ちます。
授業で活用する場合、授業のどのタイミングで、どのぐらい使いますか？

宿題として活用している先生方も多くいると思います。
計算練習の宿題を出している先生は、何問ずつ宿題にしていますか？
それは授業で学んだ内容とピッタリ対応していますか？

計算テストを自作している先生方もいるでしょう。
計算ドリルに示された計算の型を活用して自作していますか？

単元が終わるごとにワークテストを実施しているはずです。
その後のテスト直しはどのように指導していますか？
評価情報を自分の授業の改善にどのように役立てているでしょうか。

ここに示したような、学校教材の「活用法」は、実はあまり情報共有されていません。
先生として採用されてから、漢字ドリルや計算ドリルの指導法を教えてもらうチャンスは意外とないのです。そのため、多くの先生が我流で活用しています。

児童の基礎学力を支えているのは漢字ドリルや計算ドリルであり、これらにどのように取り組ませるかは学力保障の観点で極めて重要なことです。子供たちの基礎学力を評価しフォローするために必要な情報を提供してくれるのはワークテストであり、先生方だけでなく保護者もワークテストの結果を大いに気にしています。しかし、これらの学校教材の活用法は、研究授業で取り上げられることもありません。

ほんとうにこのままで大丈夫なのでしょうか。これが本書を企画した動機なのです。

③若い先生方は何を悩んでいるか

若い先生方に対して、学校教材の活用に関するアンケートを行いました。実施時期は2013年11月、回答数は251件でした。回答者の内訳は、初任から5年目までの先生方が154名（61.3%）、6年目から10年目までの先生方が83名（33.1%）、11年目以上の先生方が14名（5.6%）でした。したがって、以下のデータは、おおむね若い先生方（教員経験が短い先生方）の本音だと捉えることができます。

アンケートでは、次の2つの質問をしました。いずれも自由記述です。

質問 ①

計算ドリルの活用について迷っていることや困っていることを書いてください。

質問 ②

計算ドリルの活用についてベテラン教師に聞きたいことを書いてください。

寄せられた自由記述を似たような回答ごとに分類し、数値化してグラフにしました。

質問①の分類結果は、図1のようになりました。

図1　「計算ドリルの活用について迷っていることや困っていること」

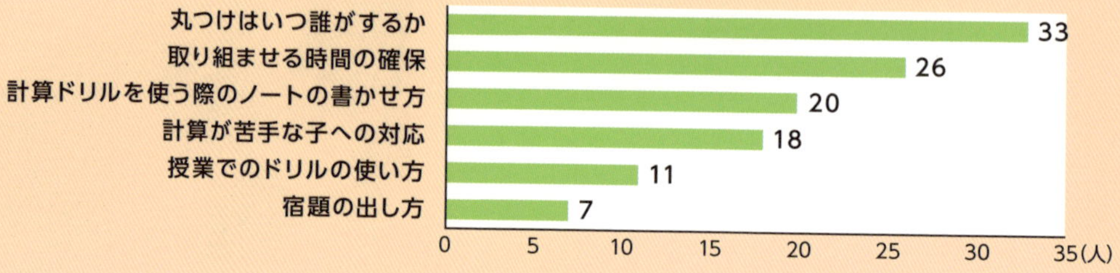

＊以下のパーセンテージは、自由回答をした先生を母数としています。

多かったのは「丸つけはいつ誰がするか」33人（28.7%）、「取り組ませる時間の確保」26人（22.6%）でした。1日のどの時間に計算ドリルを活用するのか、その丸つけは誰がするのかなどの具体的な指導法を悩んでいるのです。隣の教室を覗いたり、自分の小学生の頃を思い出したりしながら、見よう見まねで指導してみているものの、ほんとうにこれでいいのかと不安そうな若い先生方の表情が浮かびます。

次に多かったのは「計算ドリルを使う際のノートの書かせ方」20人（17.4%）、「計算が苦手な子への対応」18人（15.7%）でした。ノートへの書かせ方は統一した方がいいのか、そもそも計算が苦手な子にとっては時間がかかってしまうけれどどう対応していいのか、そして多忙な1日の中でそれらの指導時間をどのように捻出するのかについて悩んでいるのです。その結果として「授業でのドリルの使い方」11人（9.6%）や「宿題の出し方」7人（6.1%）のように、どこまでは学校で、どこからは宿題にするのかなどに困っているのです。授業と宿題の関連が明確ではない状況では、力をつけることはできません。

質問②の分類結果は、図2のようになりました。

図2　「計算ドリルの活用についてベテラン教師に聞きたいこと」

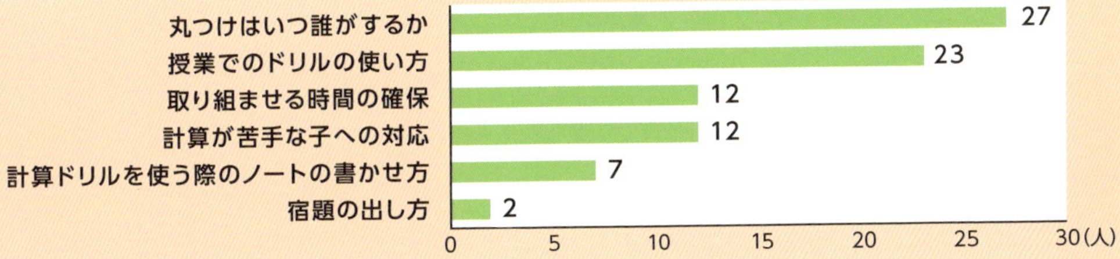

多かったのは「丸つけはいつ誰がするか」27人（32.5%）、「授業でのドリルの使い方」23人（27.7%）の2つでした。やはり丸つけのさせ方や授業での具体的な指導の仕方を知りたがっているのです。見よう見まねで行ってきた指導を、確固たる方法に置き換えたいという熱意が読み取れます。ベテランの先生たちから伝承されていない証拠でもあります。

次に多かったのは「取り組ませる時間の確保」12人（14.5%）、「計算が苦手な子への対応」12人（14.5%）でした。1日の時間の使い方、とくに計算が苦手な子に取り組ませる時間の確保のノウハウを教えてほしいと願っているのです。

では、ベテランの先生たちは、実際にどんな風に計算ドリルの指導をしているのでしょうか。知りたいと思いませんか。

4 ベテランのノウハウを伝えたい

ベテラン先生の学級では、計算ドリルは日々の学校生活の中に無理なく溶け込んでいます。計算ドリルのどのページにいつ取り組めばいいのか、計算用のノートはどう書かなければならないかなど、その学級のきまりがあります。授業と宿題が連携していて、学校で学んだことを家庭学習で習熟できるようになっています。次の日の授業に向けて児童はがんばって勉強してきます。何より、児童が毎日の計算の勉強を楽しいと思い、忘れずに取り組んできます。計算ができるようになるからです。日々の努力で自分ができるようになるという体感をするからです。

同じ学校教材を使っているのに、ベテラン先生の学級と比べて基礎基本の定着に差がある…　そんな困った状況を打破するために、本書が企画されました。

学校教材の活用法には明確なコツがあります。残念ながらそれらが先生方の間で十分に共有されていないのです。児童にとっても先生にとっても、さほど負担にならない毎日の指導システム。これをみなさんにお伝えしたいのです。

しかも学校教材は、保護者が資金負担して購入していますから、その活用法や成果についての説明責任があります。

第2章は、計算ドリルの指導法について、ベテランのともこ先生が、新人のゆみちゃん先生に伝えるという構成になっています。第3章は、新人のゆみちゃん先生がいろいろな学級の先生の指導法を聞きに行くという構成になっています。第4章は、計算ドリルに込められたさまざまな工夫について解説しています。

本書が若い先生方の日々の指導の充実に、そして児童の学力向上に寄与することを期待しています。

第2章

こうすればうまくいく!

ドリルを使った計算指導 8のポイント!

① 準備のさせ方

こうすればうまくいく!

「机上には必要な道具だけ置かせます」

必要な道具だけを正しく置かせることで、集中して学習に取り組ませることができます。

こうする その1 鉛筆・赤鉛筆・下敷き・定規を準備

必要な道具だけを置く

- 机上には、鉛筆(2BかB)・赤鉛筆・下敷き・定規などを置きます。
- 赤鉛筆は、丸つけをしたり、間違いを直したりするときに使います。
- 必要のないものは、机の中にしまっておきます。

必要な道具だけを出させることは、他の学習でも大切

こうする その2 計算ドリルとノートは、左右に並べて置かせる

ドリルは利き手の反対側に

- 計算ドリルは、ノートと一緒に机上に置いたときに、机からはみ出さない大きさを考えて作られています。
- 右利きの場合、計算ドリルは机の左側、ノートは右側に置くようにさせると、鉛筆を持つ手とドリルが重なりません。(左利きの場合の置き方は、反対になります。)
- 問題を写し間違えないようにノートの近くの見やすい位置に置かせます。

正しく置けば、視線の移動もスムーズ

もっと うまく進めるためのコツ!!

コツ1 転がりにくい鉛筆を

鉛筆は、軸の断面が六角形や三角形のものを使わせるとよいでしょう。

机上に鉛筆を置いたとき、転がりにくく、落ちにくくなります。

コツ2 定規は20cm以内のものを

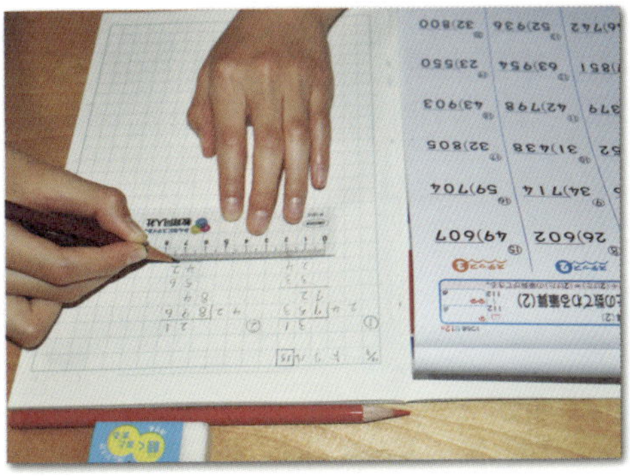

筆算の線を引くときや、文章題の答えに下線を引くときなど、必ず定規を使わせます。

定規は、筆箱に入り、机上でも扱いやすい20cm以内のものを用意させます。

コツ3 置き方をくわしく示す

置き方を指導するときは、実物投影機*で正しい置き方を示せば一目瞭然です。

正しい置き方を写真に撮ったり、絵で描いたりしたものを掲示しておくと、いつでも確かめさせることができます。

コツ4 正しく置かないと…

計算ドリルを正しく置かないと、鉛筆を持つ手とドリルが重なったり、ノートが机からはみ出したりします。

視線をスムーズに移動させて、ドリルを見ながらノートに書くことができるよう、正しい位置に置くことが大切です。

置き方まで決めるんだね！

＊実物投影機・・・カメラの下に置いたものをそのまま拡大して映す機器。

② 授業でのドリルの使い方

こうすればうまくいく！

「授業の中にドリル学習を組み込みます」

算数の授業の中に、計算ドリルを取り入れます。「いつもやること」として、授業の中に位置づけます。

こうする その1

時間を決めて行う

授業の進め方に合わせて

- 計算ドリルを授業の一部で活用します。
- 5分程度で取り組める量にします。
- 教師が机間指導をしながら丸つけをしていくことで、理解状況の把握につながります。
- つまずきが多いときは、全体指導をします。

ドリルの活用も含めて授業の流れを考える

こうする その2

全員で解き方を確認

解き方を一斉指導

- ドリルにある問題を取り上げて指導をします。
- 筆算の書き方を徹底させたい場面や、教科書以外の問題に取り組ませたい場面で活用します。

ドリルの問題も解き方を確認する

もっと うまく進めるためのコツ!!

コツ1 初めの5分間で使う

前の時間の復習として、初めの5分間で取り組みます。

前の日の宿題に出しておくと、短時間でも、ある程度の問題数に抵抗なく取り組むことができます。

コツ2 終わりの5分間で使う

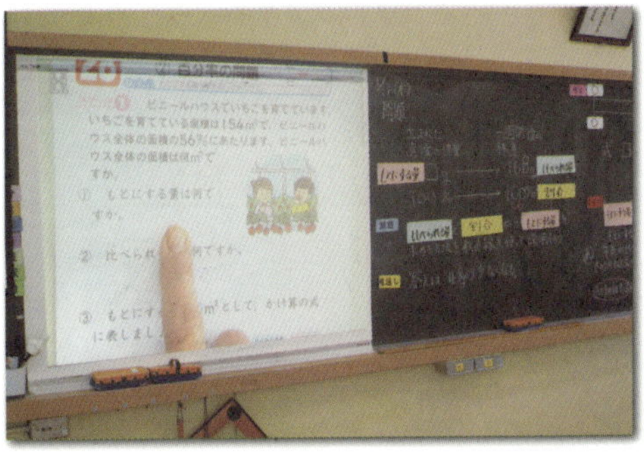

教科書の問題に取り組んだ後、習熟を図るため、終わりの5分間で取り組みます。

教科書の問題は、全体で指導をして、その後にドリルを使って同じ計算の型*の問題を自分で解きます。

コツ3 一問を大きく映して

子供がつまずきやすそうな問題を選び、解き方の確認をします。

文章題の場合、問題のポイントとなる部分に線を引くなどして、問題の意図をつかませやすくします。

コツ4 宿題につなげる

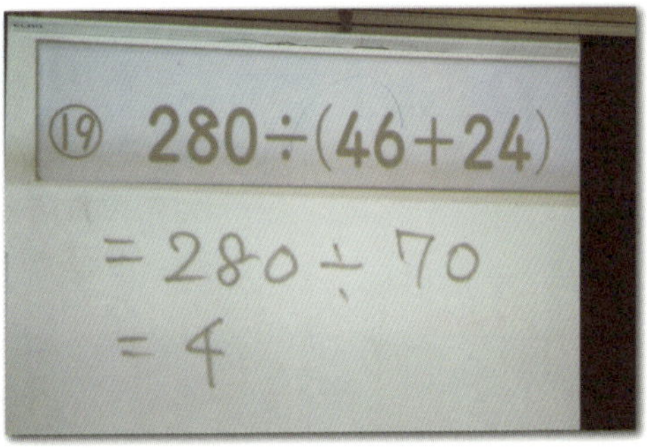

宿題として出すページの問題から選んで一斉に行います。

教科書と同じ型の問題を行い、解き方のポイントを確認します。ノートの書き方もおさえておきましょう。

「毎日」「同じやり方で」「続ける」ことが大切なのね！

*計算の型…習熟を円滑に進めるための分類。

➔ <計算練習>のページ P.54

③ ノートの使い方

こうすればうまくいく!

「学年の初めに全員に指導します」

ノートを使うときの約束を、学年の初めに丁寧に指導しましょう。

こうする その1 日付・ページ・番号を書かせる

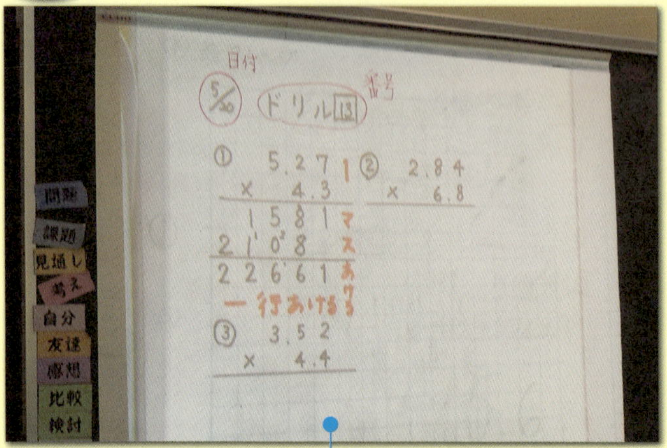

繰り返し指導し、時々書き方をチェックする

- 問題を解く前に必ず日付とドリルのページ番号を書く習慣をつけさせます。
- 後で見ても分かるように、いつも同じ位置に書かせます。
- 問題を解くときは、必ず問題の番号を書いてから解くようにさせます。

書き方の約束を決めたら、同じパターンで書かせることが大切

こうする その2 数字や記号は1マス1字が基本

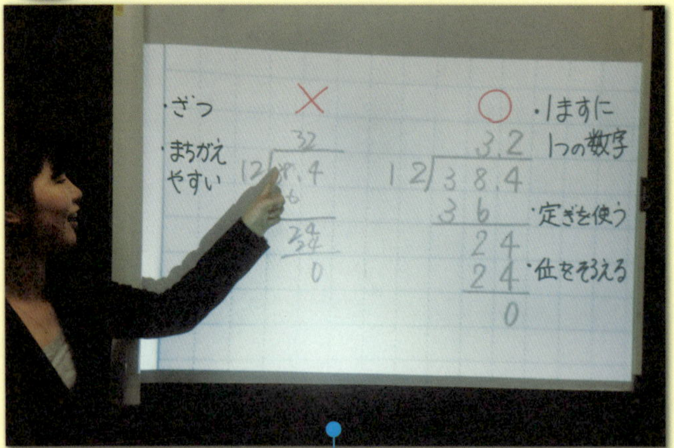

良い例と良くない例を比べさせると分かりやすい

- ノートのマス目の大きさにもよりますが、数字や記号は1マスに1字を原則とします。
- 筆算では、となりの位に入り込むことなどが原因で計算を間違えることがあるので、マスを意識するように指導します。

数字や記号を整えることで、些細なミスが減る

もっと うまく進めるためのコツ!!

コツ1 問題と問題の間は1行空ける

教師が実際にやり方を見せながら指導します。

言葉だけで説明しても分かりにくいので、黒板に空けるところを示したり、ノートを実物投影機で映したりしながら指導します。

コツ2 分数はこのように書かせる

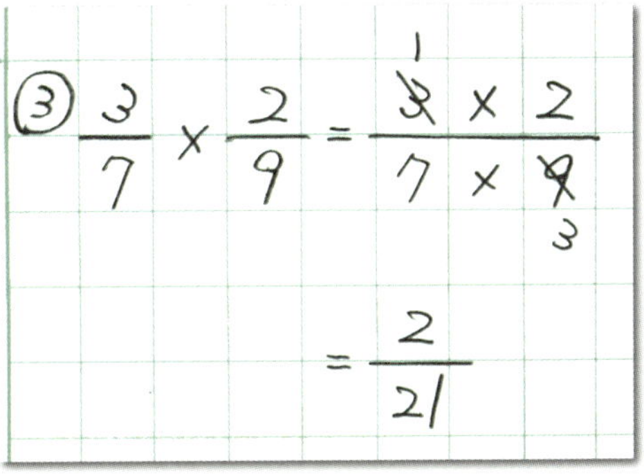

分母と分子の数字は、それぞれ1マス使って書かせます。

分数の線は定規を使って引くと見やすくなります。約分や通分の過程で書き込んだ数字は小さめに書くように指導します。

コツ3 小数はこのように書かせる

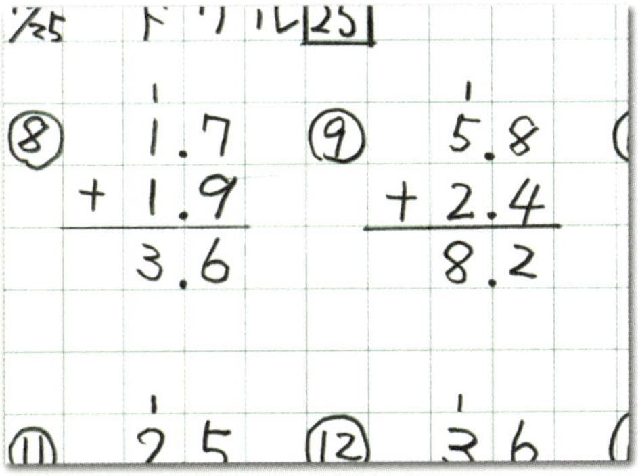

小数の数字は、1マスに1字ずつ書くようにします。

マス目ノートを使っている場合は、小数点を縦の罫線の上に書かせます。その際、小数点を大きい黒丸に塗りつぶしたり、カンマで書いたりしていないか、一人ひとりの書き方をチェックし、正しく書けるように指導します。

コツ4 数字の書き方は学年に応じて

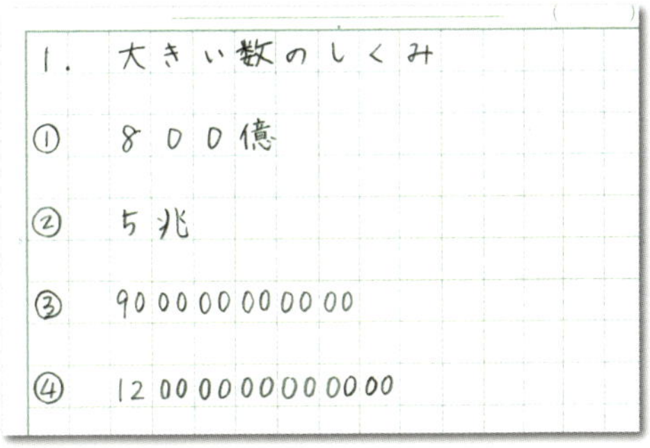

1マスに1字ずつ書くことを基本として指導します。

桁数が大きい場合など、どのように書かせるかを、学年や学校で統一しておくとよいでしょう。

書き方をしっかり教えておくことが大切なんだね！

④ 丸つけのさせ方

こうすればうまくいく!

「できるだけ早く答え合わせをさせます」

問題を解いたら必ずその場で答え合わせをさせます。
どこを間違えたのかすぐ分かるようにするためです。

こうする その1 中学年以上は自分で丸つけ

自分の解答と「答え」を並べて正確に丸つけ

- 中学年以上であれば、問題を解いた後すぐに自分で丸つけをさせます。
- 正解していれば達成感が得られて次のやる気につながり、間違えていたときには、その理由がすぐ分かるというよい点があります。
- 正しく丸つけできているか、つまずいているところはどこかなどを把握するために教師がチェックします。

書いた答えが見にくくならないように一重丸にさせる

こうする その2 間違いは消させない

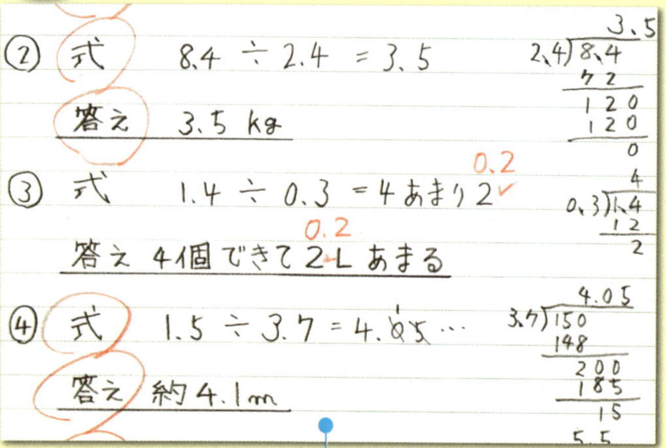

間違いは残しておく

- 間違えたところは決して消さずに残すようにさせます。
- 消してしまうと、どこでどう間違えたのか分からなくなってしまいます。
- 間違えたところを知り、次に同じ間違いをしないために間違いは残しておくことが大切です。

消さないで残すことの大事さを子供たちに話しておく

もっと うまく進めるためのコツ!!

コツ1 間違い直しは赤で

間違えた問題は赤で印をつけさせます。

やり直しは別のところに赤で書かせましょう。間違えた部分がよく分かり、振り返りに役立ちます。

コツ2 その場で教師が丸つけも

数問であれば子供が問題を解いている間に教師が席を回りながら丸つけをする方法もあります。

一人ひとりの様子を短い時間でつかむことができ、支援が必要な子供にすぐその場で声をかけられます。

コツ3 答え合わせがしやすい縮刷解答

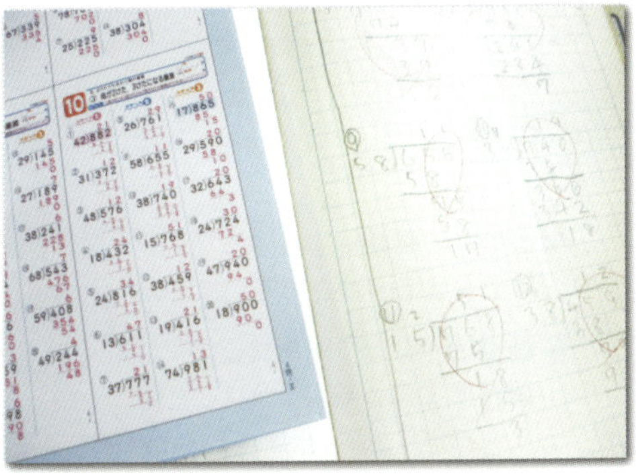

子供たちが丸つけする場合は特に、問題と答えが一緒に載っている縮刷解答が最適です。

答えだけでなく計算の過程を見比べれば、どこで間違えたかすぐ分かります。

➔ <答え>のページ P.60

コツ4 となり同士で丸つけも

ときには、となり同士で交換して丸つけをし合うのもよいでしょう。

交換することで、より丁寧に答え合わせをするようになります。また、ノートの書き方などを学び合うこともできます。

すぐに答え合わせをすることが大切なのね！

⑤ 習熟度に合わせた活用の仕方

こうすればうまくいく!

「1回分の分量を加減して取り組ませます」

型分け*を把握して、問題数やどの問題に取り組ませるかを選びます。

＊型分け…繰り上がりがある、ないなどの計算の仕方の違い。

こうする その1 取り組ませる分量を決める

ステップ1
① 263 +435
② 512 +346
③ 234
ステップ2
⑧ 237 +145
ヒント! 一の位《くらい》が くり上がるよ。
⑨ 318 +546
⑩ 549
ステップ3
⑮ 142 +597
ヒント! 十の位が くり上がるよ。
⑯ 283 +635
⑰ 530

子供に合わせた問題を選ぶ

- 子供の習熟度に応じて、問題数を加減します。
- 習熟度別クラスでは、全員がクリアできる分量の問題に取り組ませることによって意欲と自信をもたせます。

適量の問題を選んで取り組ませる

こうする その2 型分けで区切って取り組ませる

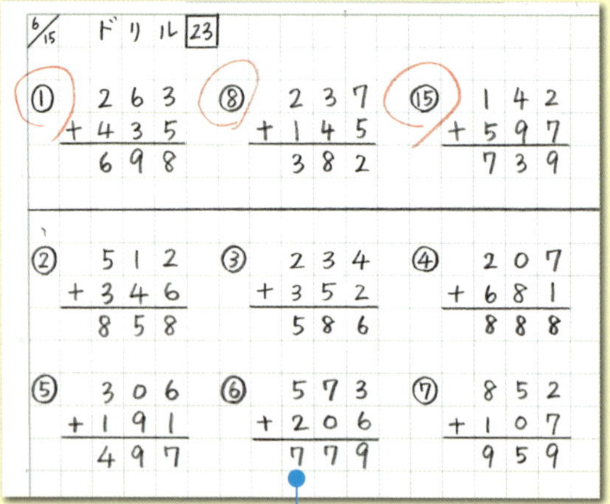

6/15 ドリル 23
① 263 +435 698
⑧ 237 +145 382
⑮ 142 +597 739
② 512 +346 858
③ 234 +352 586
④ 207 +681 888
⑤ 306 +191 497
⑥ 573 +206 779
⑦ 852 +107 959

クラスの状況に合わせる

- ドリルの問題は型によってステップアップするように出題されています。
- 順番通りに取り組ませるのではなく、習熟度に応じてステップごとに1〜2問ずつ取り組ませることができます。
- 授業で取り組むときには、初めに色のついている問題を指定し、それが終わったら、残りを番号順に行うなど、自分のペースで進められるようにします。

➡ ＜計算練習＞のページ P.54

ステップや色分けを活用する

もっと うまく進めるためのコツ!!

コツ1 計算が速い子供たちには

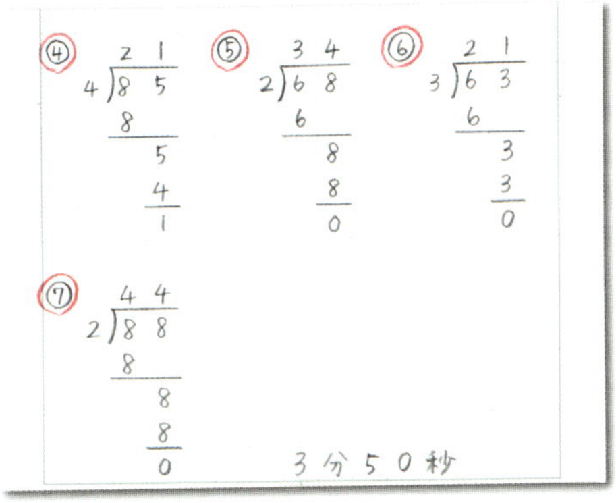

自信をもって取り組んでいる子供たちには、時間を意識させ、より速く正確に解けるように練習させます。

1回目より2回目の方が速く、確実にできるように、時間を記録させます。

コツ2 計算が苦手な子供には

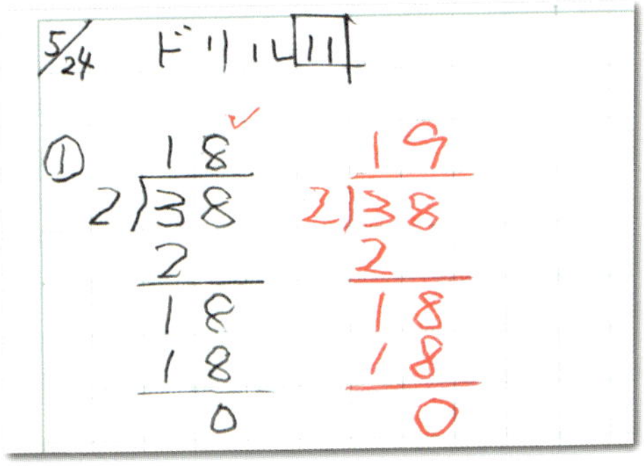

色のついている問題を中心に進めさせます。

1問解いたら、すぐに答え合わせをさせます。間違えた場合には、どこを間違えたのか気付かせ、やり直しをさせます。

コツ3 ダウンロードプリントで個に応じた課題を

習熟した子供には、活用力や表現力を高める素材に取り組ませ、さらに理解を深めます。

定着しない児童には、つまずきの原因となっている学年にさかのぼった問題に取り組ませ、基礎をしっかりと固めます。

➡ ダウンロードプリント P.66

コツ4 全員がドリルをやり遂げる

単元が始まる前や授業の計画を立てるときに、計算ドリルの取り組ませ方も考えておきましょう。

習熟度に合わせて宿題の出し方を変える方法もあります。学年で相談して、全員がドリルをやり遂げられるように計画を立てるようにしましょう。

⑥ テスト前の勉強のさせ方

こうすればうまくいく!

「つまずきの多い問題に注意して練習させます」

テスト前には、これまでのドリル学習を振り返り、再確認すべきところを復習させます。

こうする その1 ＜力だめし＞のページで確認させる

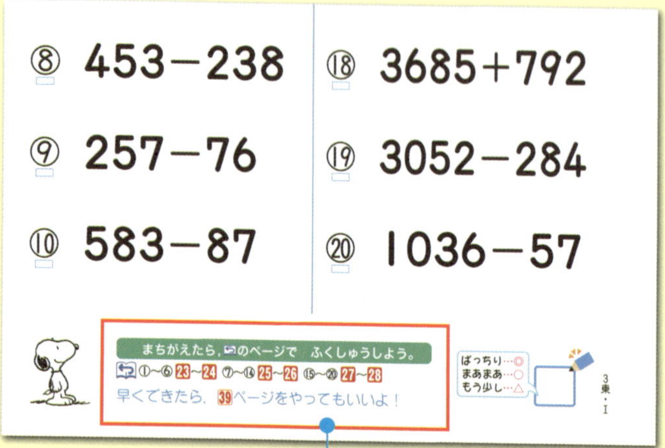
⑧ 453－238
⑨ 257－76
⑩ 583－87
⑱ 3685＋792
⑲ 3052－284
⑳ 1036－57
まちがえたら、のページで　ふくしゅうしよう。
①～⑥ 23～24 ⑦～⑭ 25～26 ⑮～⑳ 27～28
早くできたら、39ページをやってもいいよ！
ばっちり…◎
まあまあ…○
もう少し…△
3東・I

戻るページはここで確認

- 単元の終わりの＜力だめし＞は、様々な型の問題が集約されています。テストの前に行うと効果的です。
- 間違えた問題と同じ型の問題を復習するのに、何ページに戻ればよいか分かるようになっています。

➔ ＜力だめし＞のページ P.57

理解できていないところを復習させる

こうする その2 型の違う問題を混ぜてミニテスト

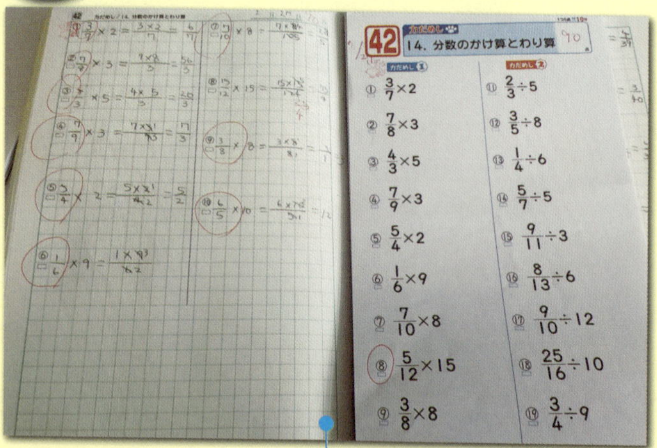

ミニテストとしてそのまま使える!

- ＜力だめし＞の問題や＜しあげ＞のページをそのままミニテストとして活用することができます。
- テストの前に計算の「技能」がどこまで身に付いているか確かめることができます。

➔ ＜しあげ＞のページ P.57

習熟の度合いを確認

もっと うまく進めるためのコツ!!

コツ1 つまずきを授業で振り返る

間違いの多かった問題は、学級全体で解き方を再確認します。

どこをどう間違えたのかを一人ひとりが理解し、ポイントをおさえたうえでテストに臨むことが大切です。

コツ2 間違えた問題をもう一度

ドリルで間違えた問題は、テスト前に必ずもう一度解くようにさせます。

間違えた問題に再度取り組ませ、単元の学習内容を確実に定着させましょう。

コツ3 ダウンロードプリントで習熟

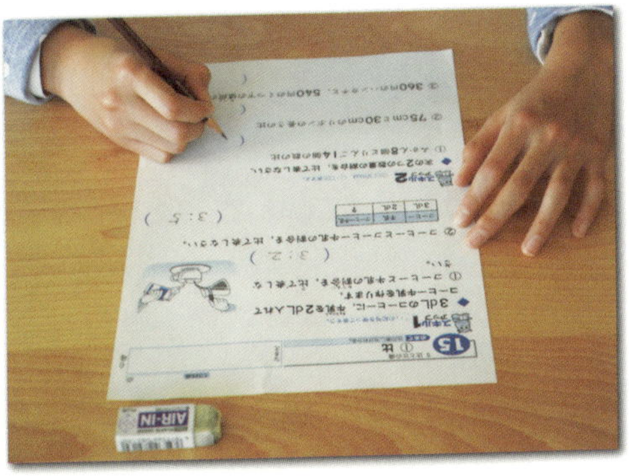

教科書やドリルの問題だけでなく、ダウンロードプリントを活用すると、学習した内容を確実に定着させることができます。

授業で毎日計画的に取り組ませる以外に、テスト前にまとめて復習させる方法も有効です。

つまずいた問題は、テスト前に必ず復習させるんだね！

⑦ 毎日の宿題の出し方

こうすればうまくいく!

「自分で学習できるようにさせます」

宿題は学習内容の定着だけでなく、家庭学習の習慣を身に付けさせるねらいがあります。

こうする その1

時間と量の目安を示す

チャレンジ30

3年1組
名前

日づけ	内よう	時間	チェック
11/18（月）	漢字練習 計ド 17 音読 P.52～P.54	35分	OK!
11/19（火）	漢字練習 計ド 18	32分	OK!
11/20（水）	漢字練習 日記	28分	OK!
11/21	漢字練習	30	OK!

3年生なら30分が目安

- 家庭学習の時間は学年×10分が目安です。
- 学年で学習の進度を確認しながら宿題の内容を決めます。
- 子供が一人でも学習できるようにすることが大切です。

具体的な数字で目標を示す

こうする その2

毎日同じパターンで出す

★宿題の予定★

	7日	8日	9日
	月	火	水
宿題	漢字練習 将・認 計算ドリル 7 日記	漢字練習 呼・吸 計算ドリル 8 日記	漢字練習 収・存 計算ドリル 10 日記

パターンを決めて出す

- 宿題は「決まっている」ことが大事です。
- 家庭での学習習慣を身に付けさせるためには、パターンを変えずに出すことが大切です。
- 計算ドリルは、一度に何ページも練習するのではなく、1ページずつでも毎日取り組ませます。

同じパターンを繰り返すことで学習習慣が身に付く

もっと うまく進めるための コツ!!

コツ1 年度初めに確認

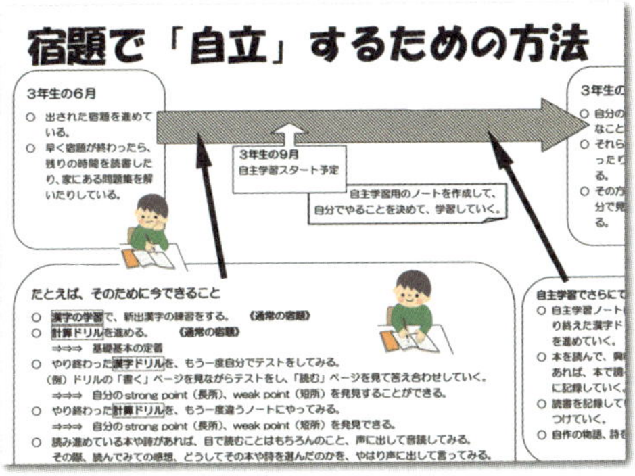

宿題で「自立」するための方法

3年生の6月
○ 出された宿題を進めている。
○ 早く宿題が終わったら、残りの時間を読書したり、家にある問題集を解いたりしている。

3年生の9月
自主学習スタート予定

自主学習用のノートを作成して、自分でやることを決めて、学習していく。

3年生の
○ 自分の
なこと
○ それら
ったり
る。
○ その方
分で見
る。

たとえば、そのために今できること
○ 漢字の学習で、新出漢字の練習をする。　《通常の宿題》
○ 計算ドリルを進める。　《通常の宿題》
⇒⇒⇒　基礎基本の定着
○ やり終わった漢字ドリルを、もう一度自分でテストをしてみる。
（例）ドリルの「書く」ページを見ながらテストをし、「読む」ページを見て答え合わせしていく。
⇒⇒⇒　自分のstrong point（長所）、weak point（短所）を発見することができる。
○ やり終わった計算ドリルを、もう一度違うノートにやってみる。
⇒⇒⇒　自分のstrong point（長所）、weak point（短所）を発見できる。
○ 読み進めている本や詩があれば、目で読むことはもちろんのこと、声に出して音読してみる。
その際、読んでみての感想、どうしてその本や詩を選んだのかを、やはり声に出して言ってみる。

自主学習でさらにで
○ 自主学習ノート
り終えた漢字ド
を進めていく。
○ 本を読んで、興
あれば、本で調
に記録していく。
○ 読書を記録して
つけていく。
○ 自作の物語、詩を

年度初めに
宿題のやり方を指導します。

授業用ノートと計算ドリル用ノートの2冊を用意させます。問題をノートにどのように書くのか、学年の初めに指導します。年度初めの保護者会で話題にすることも大切です。

コツ2 「宿題の約束」を配付

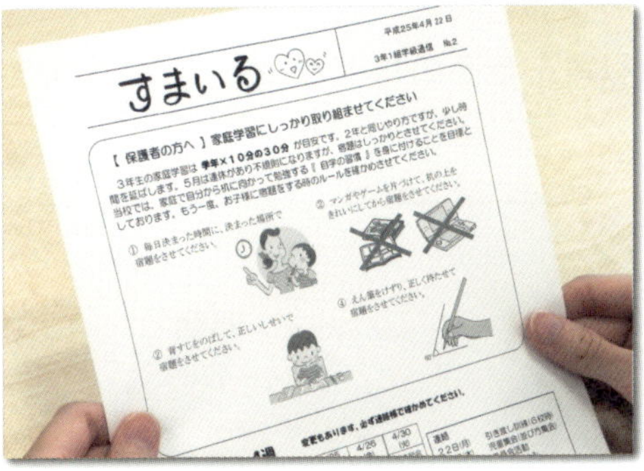

宿題をする際に注意することを
指導しましょう。

時間を決めて取り組むこと、テレビを消すことなどを具体的に伝えましょう。机の上を片付ける、宿題をしながら食べたり飲んだりしないなど、保護者の方にも理解していただきます。

コツ3 学年で話し合って決める

宿題の内容は、
算数少人数指導担当も交えて
学年で話し合って決めます。

習熟度を考慮しながら進度をそろえ、子供たちの取り組みについて定期的に話題にしましょう。

コツ4 丸つけまでが宿題

答え合わせは、宿題が終わって
すぐにさせます。

間違いがあった場合は、その場で直す習慣をつけさせます。教師は、丸のつけ方や直しの仕方などをチェックします。

毎日同じパターンで取り組ませることが大切なのね！

8 ドリルやノートのチェックの仕方

こうすればうまくいく!

「その日のうちにチェックします」

取り組んだその日にすばやく、効率的にチェックして返却することを心がけましょう。

こうする その1 どこまでできているかをチェック

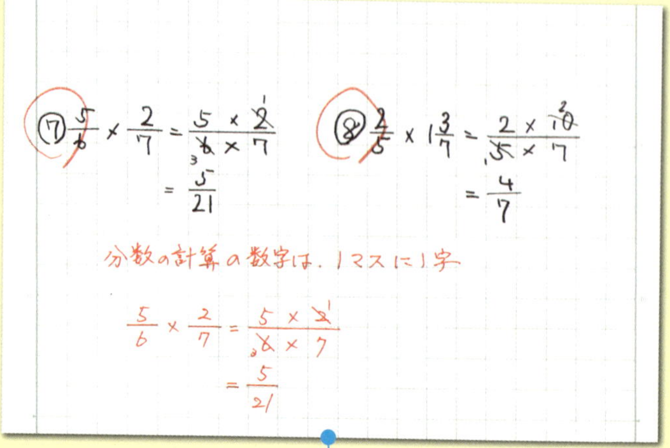

気付いたことは早めに伝える

- 丸つけの終わったものを点検します。
- ノートの書き方は正しいか、学習していることが定着しているかなどをチェックします。
- 必要に応じて個別に指導することが大切です。

チェックする観点を決めておく

こうする その2 間違いの傾向をつかむ

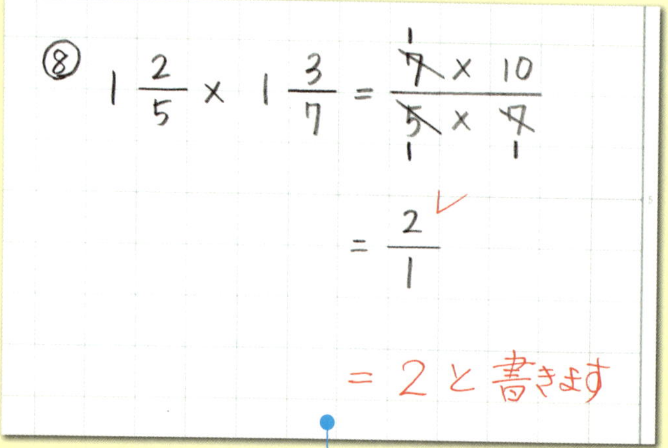

つまずきをすばやく発見

- 間違いの多かった問題をチェックします。定着が十分でない場合は、その問題を授業で取り上げます。

宿題と授業を連携させる

もっと うまく進めるための コツ!!

コツ1 宿題のページを開いて出させる

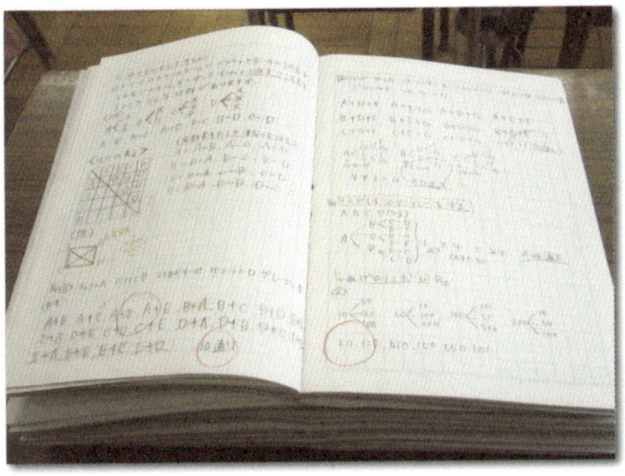

ノートのページをめくる手間を省きます。

複数ページにわたる日もあるので、その日にチェックするページを開いておかせると時間短縮になります。

コツ2 チェックした日付を書いておく

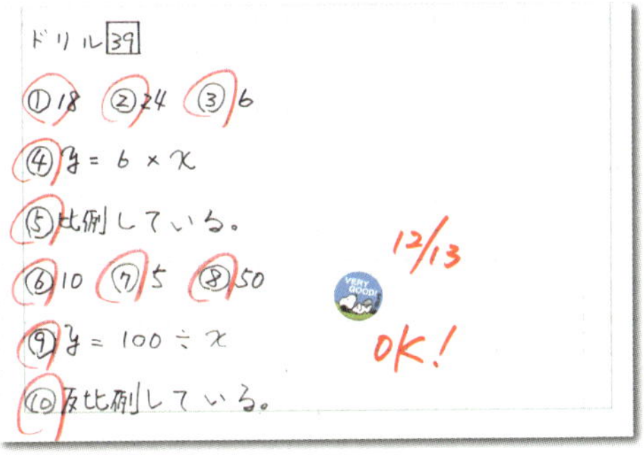

ノートをチェックした日付を書き、提出した日が分かるようにしておきます。

日付を書いておくと、その子供が毎回提出できているかを把握することができます。

コツ3 はげましは一言で

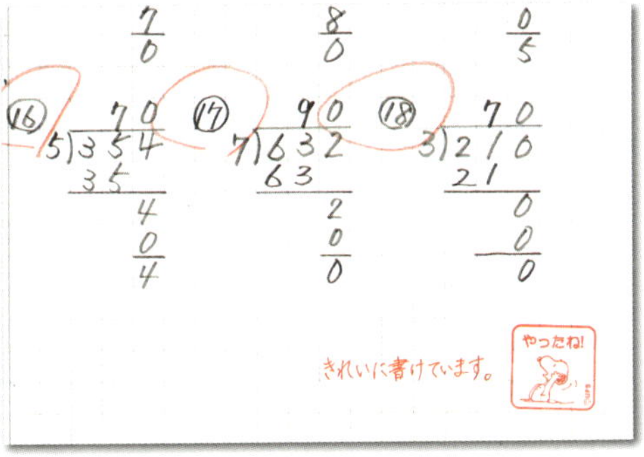

教師のはげましは短い言葉で書きます。スタンプやシールなども活用します。

できるだけ早く子供の手元に戻すようにします。正しく計算できていたことを認めましょう。

コツ4 間違いを付箋で知らせる

付箋があることで子供が気付きやすくなります。

ノートの書き方など、注意するべきことや直しが必要なときなどに付箋を貼るようにします。

すぐにチェックして、子供に返すことが大切なのね!

学校教材活用指導法研究会　実践レポート①

コラム

「くりかえし計算ドリルの活用」

くりかえし計算ドリルの活用

吉野和美先生
静岡県
富士市立丘小学校

教師になりたての頃の私は、「計算ドリルは、家での宿題。3回は取り組ませよう。」ということだけを考えてきました。しかし、計算ドリルを3回やっても、子どもたちの計算ミスは減らず、ただやらせるだけでは、ダメだということに気が付きました。そこで、私は、次の3つのことを意識して計算ドリルの活用を行うようにしました。

計算ミスを減らすために、ノート指導を徹底させよう

どの教科でもノート指導は大切です。計算指導では、単純な間違いを減らし、確実にやり進められるように、左表にあることを指導することにしました。これらは、年度初めに力を入れて指導し、定着するまで丁寧に見届けます。

ノートを書く時の約束

- 日付
- 計算ドリルの番号
- 問題の番号
- 位をそろえて書く
- 数字を丁寧に書く
- 問題と問題の間は1行、あるいは1マス空ける
- 筆算を書く時は、定規を使う

上手に書けている子どものノートを実物投影機で拡大提示し、良い点を紹介したり、各自のノートを比べさせたりしました。ノートに見やすく計算を書くようになるので、数字の読み違えや繰り上がりや繰り下がりの書き忘れがぐんと減りました。

計算ドリルにある問題の特徴を意識させよう

計算ドリルにある問題は、難易度がひと目で分かるようにステップが設けられ、特徴的な問題には色がついています。そこで、取り組ませる前に、ステップがあることを伝えたり、問題をやり終えた後に、ステップごとの問題の特徴を子どもたちに考えさせたりしました。「ここから、ちょっと問題の傾向が変わる。」と予想して取り組ませることで、「間違わずにやろう」という意識を高めることができました。

計算ドリルを授業の中に組み込もう

私は、計算ドリルにある問題を意識して授業の中で取り上げるようにしています。例えば、授業の初めに前時の復習として特徴的な問題を解かせたり、授業の終わりに本時のまとめとして2～3題扱ったりして、子どもたちの理解度をチェックすることに心掛けています。また、時には、計算ドリルにある問題を提示して解き方を話し合わせることもしています。

計算ドリルを45分の授業の中で活用するためには、授業を設計する段階で、計算ドリルにある問題を知っておく必要があり、教材研究にもつながっています。

せっかく購入している計算ドリルです。私自身、計算ドリルの活用を授業に組み込んだことで、改めて45分の授業づくりを見直したり、つまずいている子どもに目を向けて指導したりすることができるようになりました。ぜひ、皆さんも、子どもたちに使わせている計算ドリルをじっくり眺め、計算ドリルの活用を通して、ノート指導や自分自身の授業づくりを見直してみてはいかがでしょうか。

出典　「学校教材はこう使おう！　ベテラン先生に学ぶ、学校教材活用法」フリーマガジン『WUTAN23』（NPO法人全国初等教育研究会発行 2013年7月）

第3章

もっと知りたい！

計算ドリルをかしこく使う18のコツ！

他にも
やり方はいろいろあるのよ。
見ておいで！
はーい！
いってきまーす!!

年度初め ①

ドリルのマークや記号を教える

最初にドリルの使い方を教えよう

私のやり方 ❶ 表紙裏で「使い方」を教える

初めに表紙裏の＜算数マスター＞のページで、ドリルの使い方を確認します。
目標時間には問題を書き写す時間は含まないことなど、使い方の約束や、学習の手順を確認しましょう。また＜計算練習＞＜力だめし＞＜学期のしあげ＞など全体の構成を把握し、子供に見通しをもたせて取り組ませるとよいでしょう。

私のやり方 ❷ サイコロマークや色で問題が型分けされていることを教える

計算の型はサイコロマークや色で区別されています。型分けされていることを、子供にも教えて、取り組むときに意識させるようにしましょう。

私のやり方 ❸ ヒントがあることを教える

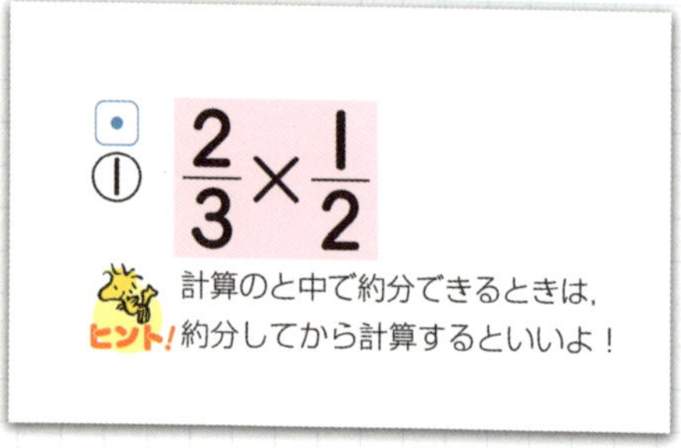

計算が苦手な子供でも練習しやすいように「ヒント」が問題のそばにあります。ページの下の欄に問題を解くヒントが丁寧に書かれている場合もあります。これらのマークやヒント欄があることを教え、**自分で学習を進められるように指導しましょう。**

私のやり方 ❹ 取り組みやすいステップ式

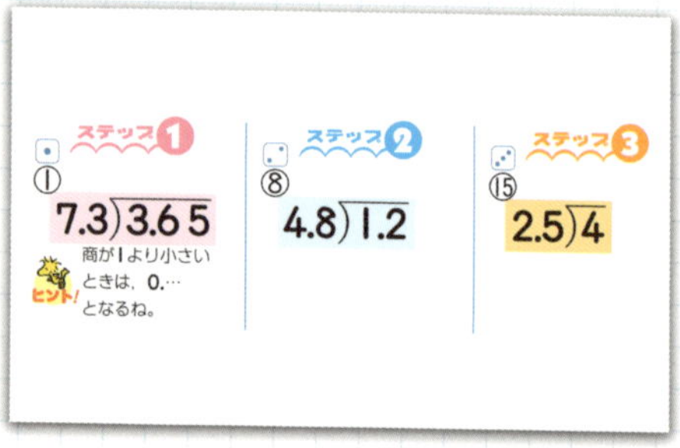

子供が無理なく集中して取り組めるよう、問題はステップに分けられています。時間や場面に応じて、一度に全部やらなくても、それぞれのステップの中の数問を選んで取り組ませることもできます。

年度初め ②

繰り返すことの意味

繰り返しの大切さを教えよう

私のやり方 ① 体験させ、気付かせる

知識や技能を習得するために、繰り返し練習することは欠かせません。そこで、まずは、**繰り返し練習する体験を積ませ、確実にできるようになっていることを自覚させる指導が必要です。**

私のやり方 ② 「見える化」し、気付かせる

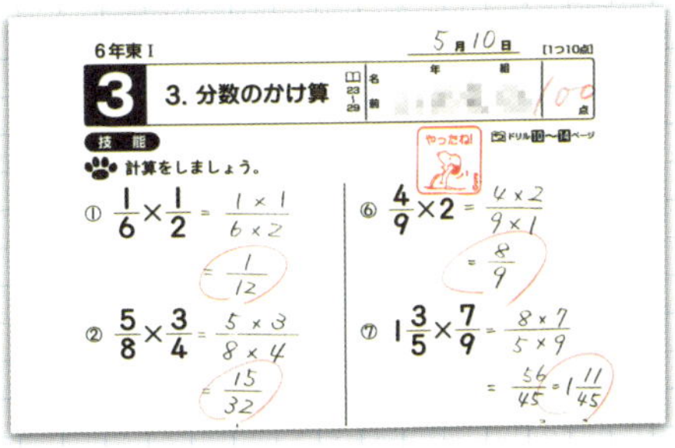

6年東Ⅰ　5月10日　【1つ10点】

3　3. 分数のかけ算　23～29　名前　年　組　100点

技能　やったね!　ドリル10～14ページ

計算をしましょう。

① $\frac{1}{6}\times\frac{1}{2}=\frac{1\times1}{6\times2}=\frac{1}{12}$

② $\frac{5}{8}\times\frac{3}{4}=\frac{5\times3}{8\times4}=\frac{15}{32}$

⑥ $\frac{4}{9}\times2=\frac{4\times2}{9\times1}=\frac{8}{9}$

⑦ $1\frac{3}{5}\times\frac{7}{9}=\frac{8\times7}{5\times9}=\frac{56}{45}=1\frac{11}{45}$

「効果がある」ことを自覚させるためには、「見える化」することが大切です。

例えば、繰り返し練習した後はミニテストを行い、「できた」という気持ちを目でも確認できるようにします。

私のやり方 ③ いつやるかを決める

繰り返し練習させるためには、**「いつやるか」をはっきり決めておくことも大切です。**例えば、「算数の授業の最初の5分間で行う」「毎日宿題として家で20分行う」と決めることで、子供は「やるのが当たり前」になっていきます。

学習内容の定着には、
毎日繰り返すことが
大切なのね！

年度初め③

答えの保管の仕方

発達段階や目的に合わせて保管しよう

私のやり方① ＜答え＞は切り離して保管

＜答え＞のページには、ミシン目が入っているので、切り離すことができます。切り離したものは、まとめて留めて、子供が取り出しやすいように机の中や教室の決められた場所に保管させます。

私のやり方② 低学年の場合

低学年の場合は、教師や保護者が管理し、**答え合わせを保護者にお願いする**こともあります。切り離した答えのページを保護者会などで渡し、家で宿題の答え合わせをしてもらいます。

私のやり方③ 中・高学年の場合

答えのページを切り取らず、付けたままにすることもあります。中・高学年では、**自分で答え合わせをさせます。**答えを見て解き方のヒントにしたり、なぜ間違えたかを考えさせたりすることができます。**間違えたときは、答えを写すのではなく、直しをすること**を指導しておきましょう。

年度初め ④

巻末チェック表の使い方

巻末チェック表に記録させよう

私のやり方

記録をつけて繰り返しを意識させる

練習した日付を書き込みます。
計算ドリルを使う際のきまりとして
使い始めの4月にしっかり指導します。

くりかえし計算ドリル 計算バッチリ表

	1回目	2回目			1回目	2回目	
2	10/11	11/1		31	12/1	/	
3	10/12	11/1		32	12/2	/	
4	10/13	11/2		33	12/3	/	
5	10/16	11/3		34	12/4	/	
6	10/18	11/4		35	12/4	/	
7	10/19	11/5		36	12/5	/	
8	10/20	11/5		37	12/6	/	
9	10/22	11/6		38	12/9	/	

シールを貼ったり印をつけたりして、
学習の記録を残していきます。

シールや印を、担任がつけるか、
本人がつけるかは学級の実態に
応じて決めます。

計算ドリルの巻末チェック表を活用すると、学習の記録を目に見える形で残すことができます。

チェック欄には取り組んだ日付を書き込んでいきます。いつ、どのページに取り組んだか、何度繰り返したかが一目で分かるので、計画的、効果的に計算指導をすることができます。

また、シールを貼ったり印をつけたりすることで、達成感を味わわせることができ、取り組みへの意欲を持続させることができます。

年度初め⑤

ドリル用ノートの選び方

学年に応じたマス目や行のノートを選ぼう

私のやり方① 発達段階に合わせてノートを選ぶ

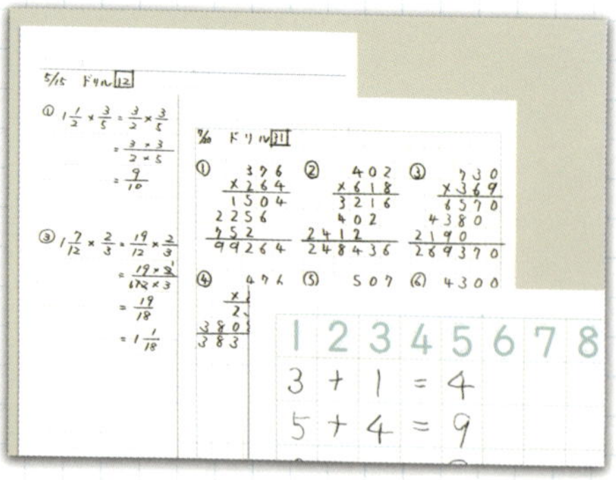

授業用のノートと同様に、ドリル用のノートも学年の発達段階に合わせて選びましょう。
マス目（大→小）ノートから罫線ノートへと徐々にステップアップしていくとよいでしょう。年度の初めは、**学年で相談して、同じ形式のノートにすると、指導がしやすくなります。**

私のやり方② 方眼ノートが便利

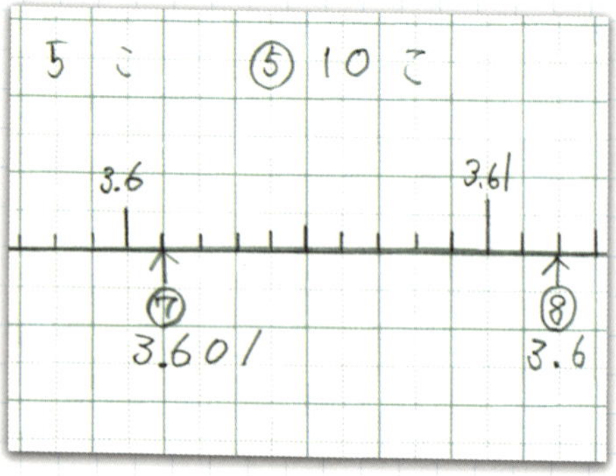

計算はもちろん、表やグラフ、図形などをノートに書かせる場合は、方眼ノートが便利です。
5mm方眼、8mm方眼、10mm方眼、点線入りのマスなど種類も豊富なので、目的に合わせて選ぶことができます。

私のやり方③ 1年生には横長がよい

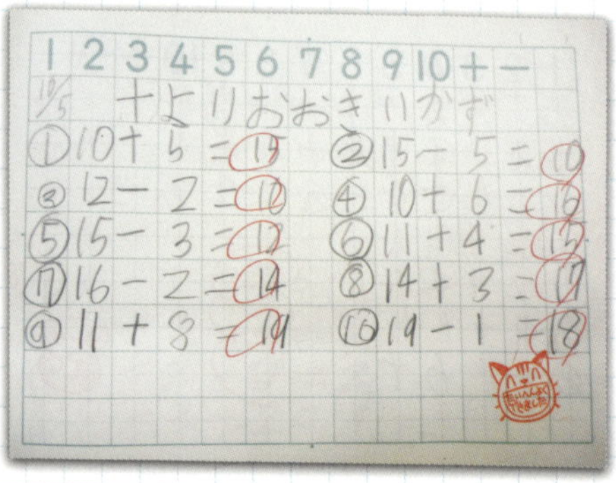

1年生には、横長のマス目ノートがよいでしょう。
上段に1～10までの数字が書いてあるので、数字を覚えたての1年生に適しています。また、**ノートの書き方を指導する際にも、書くべきマスの位置の指示がしやすい**という特長があります。

私のやり方④ 『計算ドリルノート』も活用

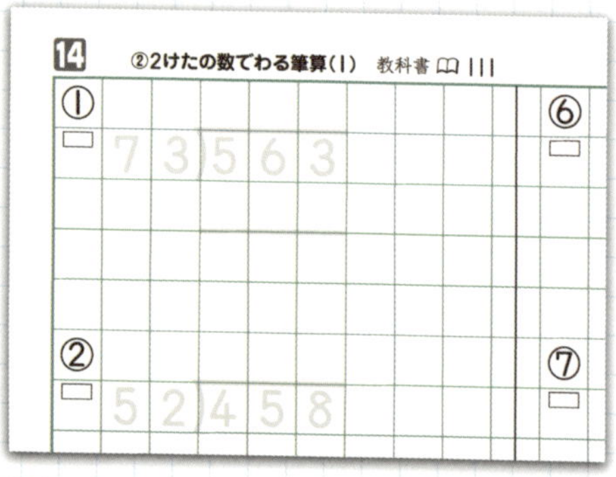

『計算ドリルノート』は、ドリルに沿った展開なので、自主学習にも向いています。**なぞり文字入りなので、ノートの使い方、数字や記号の書き方などが分かり、ノートの初期指導に適しています。**

ドリルに書かれているヒントに着目させよう

私のやり方 ① 解き方のポイントを確認

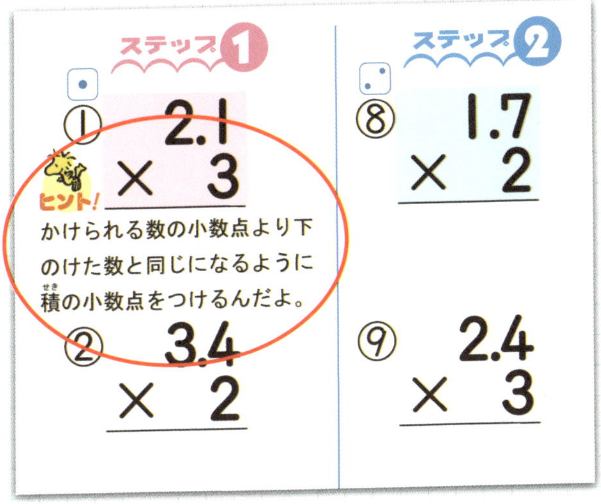
ステップ1
① 2.1 × 3
ヒント!
かけられる数の小数点より下のけた数と同じになるように積《せき》の小数点をつけるんだよ。
② 3.4 × 2
ステップ2
⑧ 1.7 × 2
⑨ 2.4 × 3

ヒントマークがついているところには、解き方や間違いやすいポイントが載っています。

ヒントを見ないで解けた場合でも、答え合わせをする前に、見直しの意味でヒントを確認させるという活用もできます。

私のやり方 ② 単元の学習内容の確実な定着を

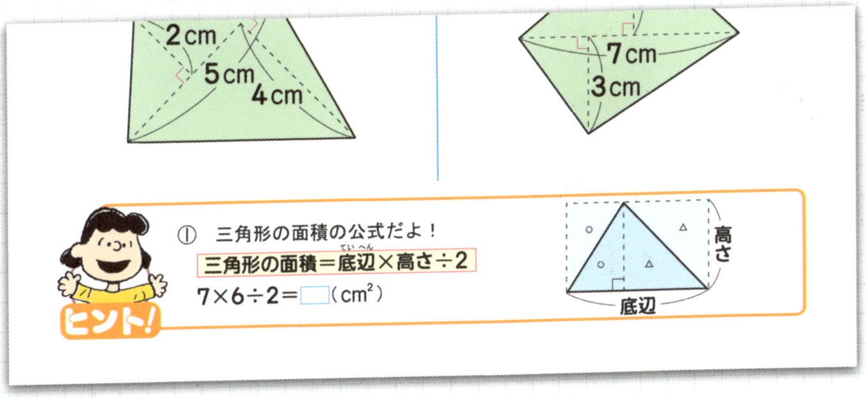
2cm
5cm
4cm
7cm
3cm
ヒント!
① 三角形の面積の公式だよ！
三角形の面積＝底辺《ていへん》×高さ÷2
7×6÷2＝□（cm²）
高さ
底辺

ページの下のヒント欄には、単元のまとめにあたる内容が書かれています。

しっかりと確認して、問題に取り組ませるようにします。

授　業　②

フラッシュ型教材の活用

素早く答えられるように繰り返し練習させよう

私のやり方 ① 基礎基本の確実な定着と習熟を図る

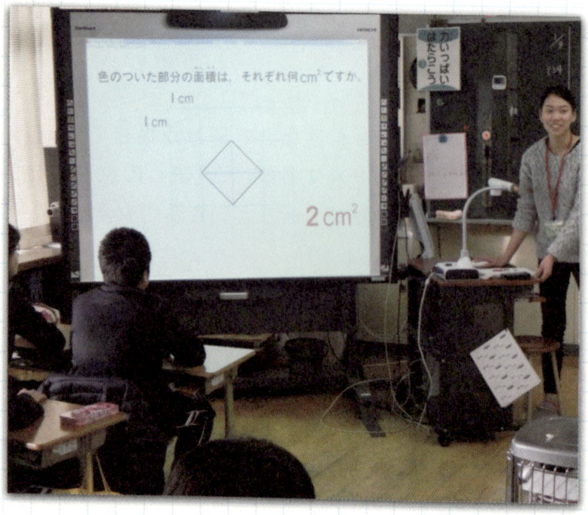

フラッシュ型教材*は、学習した内容を繰り返して答えることで、確実な定着を図るための教材です。教材の提示の順序や答えさせ方を工夫することで、変化をつけて繰り返すことができ、短時間で学習内容の習熟を図ることができます。

瞬時に答えられるぐらいの習熟を求める場合には、フラッシュ型教材が大変有効です。

*フラッシュ型教材・・・フラッシュ・カードのように課題を瞬時に次々と提示するデジタル教材。

私のやり方 ② フラッシュ型教材で計算力アップ

計算の意味ややり方を理解した後は、いつでもすぐに活用できるまで習熟させることが必要です。十の合成や分解、九九、乗法、除法の簡単な暗算については、ドリル学習に加えて、フラッシュ型教材も用いて、確実な定着を目指しましょう。

私のやり方 ③ 毎日少しずつ、続けて行う

フラッシュ型教材は、**毎日使うことで効果が出てきます。**
市販の「フラッシュくりかえし計算ドリル」*は、計算ドリルと同じ内容、配列なので、ドリルと組み合わせて使うと効果的です。

*『フラッシュくりかえし計算ドリル』(チエル株式会社)
www.chieru.co.jp

授業 ③

使い終わったノートの活用

使い終わったノートも指導に活かそう

私のやり方❶ 他の児童のお手本に

クリアファイルを使うと、お手本として見せたいページを開いてノートをそのまま掲示することができます。ノートを汚すことがなく、入れ替えも簡単で便利です。また、コピーしておくと、掲示だけでなく、学級通信などで紹介するときに便利です。

私のやり方❷ 頑張ったことをほめよう

使い終えたノートの表紙に大きく花丸を書いたり、シールを貼ったりして、頑張ったことをほめましょう。ノートを最後まで大事に使う習慣が身に付きます。

私のやり方❸ 学習成果を振り返る

ノート裏に使い始め・使い終わりを記入させておきましょう。使い終えたノートは保管しておいて、学期末や学年末に1つにまとめると、学習成果がよく分かります。穴を空けて綴り紐で綴じる、製本テープで留めるなどの方法があります。

授業 ④

まとめページの使い方

まとめページを使って定着度を確かめます

私のやり方 ❶ ＜力だめし＞のページを活用する

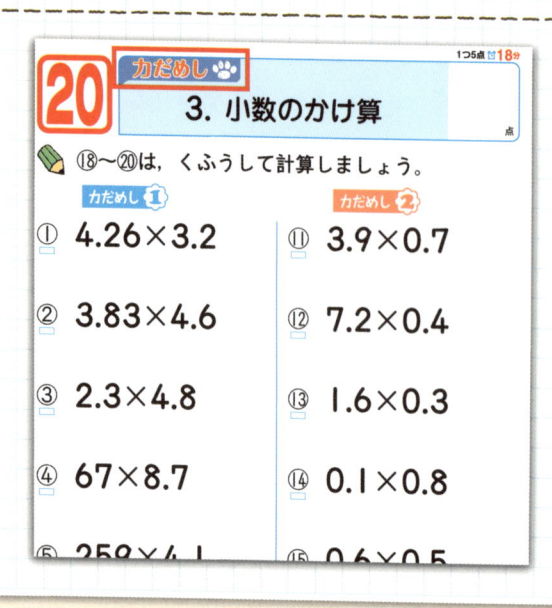

20 力だめし
3. 小数のかけ算
1つ5点 18分
点

⑱～⑳は，くふうして計算しましょう。

力だめし1
① 4.26×3.2
② 3.83×4.6
③ 2.3×4.8
④ 67×8.7
⑤ 259×4.1

力だめし2
⑪ 3.9×0.7
⑫ 7.2×0.4
⑬ 1.6×0.3
⑭ 0.1×0.8
⑮ 0.6×0.5

単元の最後にある＜力だめし＞のページには、それまで**計算の型ごとに学習してきた内容が1ページに盛り込まれています。**
つまずいたところは、復習ができるようにページの下の方に、参考のページ番号が書いてあります。

私のやり方 ❷ ＜たしかめ＞＜しあげ＞のページを活用する

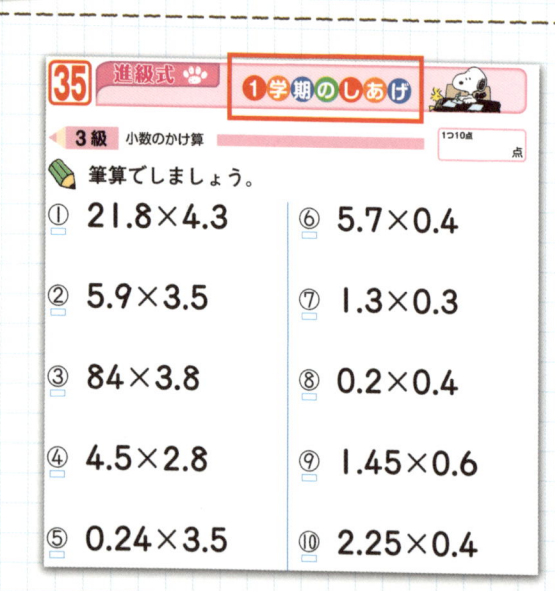

35 進級式 1学期のしあげ
3級 小数のかけ算
1つ10点
点

筆算でしましょう。

① 21.8×4.3
② 5.9×3.5
③ 84×3.8
④ 4.5×2.8
⑤ 0.24×3.5
⑥ 5.7×0.4
⑦ 1.3×0.3
⑧ 0.2×0.4
⑨ 1.45×0.6
⑩ 2.25×0.4

＜たしかめ＞＜しあげ＞のページは、進級式になっていて、級ごとに一つの単元の内容が出題されています。
単元のまとめとして、テストの前やテスト直しの後に取り組ませることができます。
長期休業前や年度末に計画的に取り組ませることによって、繰り返しの効果を高めます。

授　業　⑤

ダウンロードプリントの活用

いろいろな問題に慣れさせよう

私のやり方① ダウンロードプリントで前時の学習を想起する

授業の導入で、ダウンロードプリントを活用します。算数の授業は、これまでの学習が理解できていることが前提となって進むことが多くあります。**既習の問題に取り組むことでこれまでの学習を想起させ、理解度を確認することができます。**
ダウンロードプリントは全学年のほぼすべての学習内容を網羅しています。どの授業でどのプリントが活用できるか、あらかじめ確認しておきましょう。

私のやり方② 授業のまとめとして

授業中、もう少し練習問題に取り組ませたいと思うことがあります。そのようなときは、ダウンロードプリントを活用して、習熟の機会を設けましょう。**さまざまな問題に取り組むことができ、理解をより確かにすることができます。**

私のやり方③ ドリルと合わせて活用する

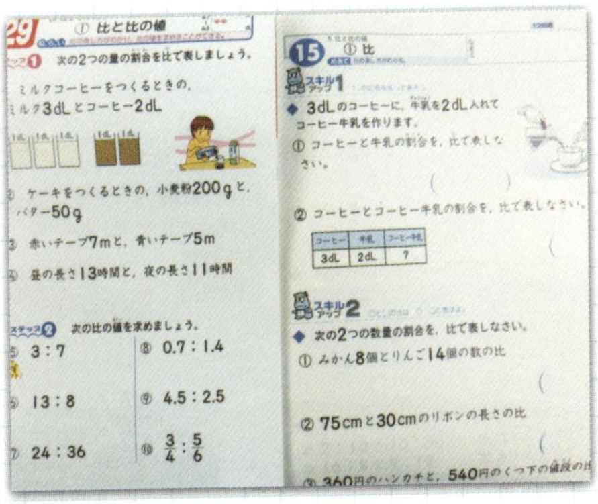

ダウンロードプリントは、習熟度や発達段階など**個に応じた課題として、必要なものを必要なだけ活用することができます。**授業で学習したことを、計算ドリルで習熟し、ダウンロードプリントで確かめるというようにドリル学習との組み合わせを考えて、計画的に活用しましょう。

宿題 ❶

提出のさせ方

短時間でチェックできるように工夫しよう

私のやり方❶ 丸つけ、直しをしてから提出させる

提出されたその日のうちに、すぐに返却できるよう子供たちに「丸つけ」「直し」をさせてから提出させます。**問題に取り組んだら「すぐに丸つけ」をする習慣をつけさせましょう。**

私のやり方❷ 箱を用意して、朝のうちに提出させる

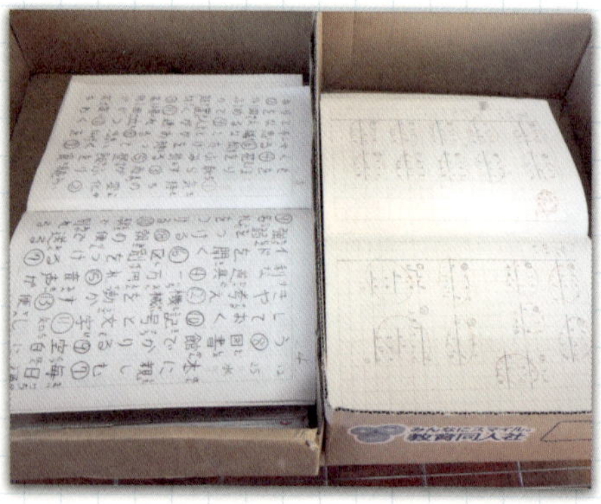

宿題を入れる箱を置いて、毎朝子供が自分で提出するように4月に指導します。種類別に提出できるように提出物の数に応じて箱を置いておくとよいでしょう。

私のやり方❸ 提出方法もルールを決めて

提出する時には「向きをそろえる」、「やったところを開いて提出する」など**提出方法のルールを決めて、**しっかり指導しましょう。

宿題 ②

家庭学習の計画を立てさせる

子供自身に立てさせて自主学習につなげよう

私のやり方① 1週間分の学習が見える形に

日	曜日	内容	ふりかえり（ひと言ふた言日記）
7/12	金	漢練 1回 計ド 35 project	今日、算数がありました。比のまとめをして、なぜだかほとんどまちがえてしまいました！ちょうしがわるかったようです。
7/13	土	計ド 36 project	今日、水泳で背およぎの25mのタイムを計りました。そしたら、20秒でした!!!! こまったことにすごくおそくなってました。
7/14	日	漢練 2回 project	今日、友達と市役所のプールに行きました。人が多くてあまりおよげなかったけど、たのしかったです。

学年で決めた時間の家庭学習に取り組ませます。どのような学習をしたか、簡単に記録させておきます。
1週間で1枚を目安に振り返りを書かせます。学習に偏りはないか、ちょっとしたひと言から子供たちの日常が伝わってきます。

私のやり方② 中学年は手順を丁寧に

家庭学習

チャレンジ30

①毎日、宿題はわすれずにがんばろう。

②そのほかの勉強とあわせて、1日30分は家庭学習をがんばろう。

③おうちの人にその日のチェックをもらいましょう。

④次の日の時間割をしっかりそろえよう。

⑤1週間が終わったら、ふりかえりをして、先生に見せましょう。

中学年は保護者の手を少し離れ、自分で学習するための入門期です。**どのような手順で宿題を進めるのか、保護者にも具体的に示します。**保護者の協力もいただきながら、全員が家庭学習に取り組めるようにします。中学年でも1週間を単位として家庭学習を振り返らせ、次の週の計画に活かします。

宿題 ③

時間を意識させる

時間を計って取り組ませよう

私のやり方 ① ページの目安の時間を意識させる

13 3. わり算の筆算(1)

② わり算の筆算(1)

36〜37

ねらい あまりの大きさに気をつけて、(2けた)÷(1けた)の筆算が…

…5点 8分

点

ステップ1

① $7\overline{)89}$

ヒント！ どの位《くらい》から商がたつかな。

② $2\overline{)53}$

③ $7\overline{)96}$

ステップ2

⑧ $2\overline{)93}$

⑨ $5\overline{)68}$

⑩ $4\overline{)75}$

ステップ3

⑮ $4\overline{)90}$

⑯ $7\overline{)83}$

⑰ $3\overline{)40}$

ページの上の方に、問題を解く目安の時間が書かれています。**時間を計って取り組ませ、速く正確に解くことを意識して練習させましょう。**

私のやり方 ② 短時間で集中して取り組ませる

1ページの目安が10分、15分となると、子供は長く感じてしまいます。「半分を5分で」などと指示して、**短時間で集中して取り組ませましょう。**また「①〜⑤を3分で。早く終わった人は⑥〜⑩をやりましょう。」などというやり方もあります。

私のやり方 ③ 問題を選んで取り組ませる

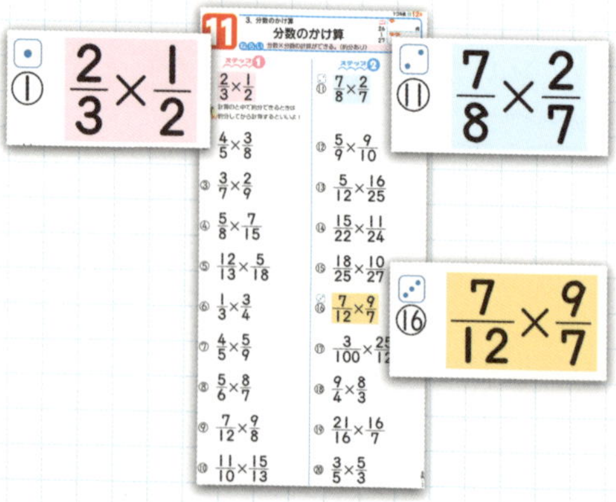

11 3. 分数のかけ算

分数のかけ算

ステップ1

① $\frac{2}{3}\times\frac{1}{2}$

② $\frac{4}{5}\times\frac{3}{8}$

③ $\frac{3}{7}\times\frac{2}{9}$

④ $\frac{5}{8}\times\frac{7}{15}$

⑤ $\frac{12}{13}\times\frac{5}{18}$

⑥ $\frac{1}{3}\times\frac{3}{4}$

⑦ $\frac{4}{5}\times\frac{5}{9}$

⑧ $\frac{5}{6}\times\frac{8}{7}$

⑨ $\frac{7}{12}\times\frac{9}{8}$

⑩ $\frac{11}{10}\times\frac{15}{13}$

ステップ2

⑪ $\frac{7}{8}\times\frac{2}{7}$

⑫ $\frac{5}{9}\times\frac{9}{10}$

⑬ $\frac{5}{12}\times\frac{16}{25}$

⑭ $\frac{15}{22}\times\frac{11}{24}$

⑮ $\frac{18}{25}\times\frac{10}{27}$

⑯ $\frac{7}{12}\times\frac{9}{7}$

⑰ $\frac{3}{100}\times$ …

⑱ $\frac{9}{4}\times\frac{8}{3}$

⑲ $\frac{21}{16}\times\frac{16}{7}$

⑳ $\frac{3}{5}\times\frac{5}{3}$

授業中に短時間で取り組ませたいときや、宿題で広い範囲を復習させるときなどは、一部の問題だけ選んで取り組ませる方法もあります。そのとき、色分けされたステップやサイコロマークの**型分けも意識して問題を選ぶと、効果的に復習できます。**

宿　題　④

いつ見る、何を見る

ポイントを決めて、効率よくチェックしよう

私のやり方① すきま時間を使ってチェックし、その日のうちに返却

提出された宿題は、休み時間などのすきま時間を使って見て、**その日のうちに返却することが大事です。**素早くチェックするためには、正しく書けているか、解けているか、丸つけができているか、直しをしてあるかなどポイントを決めて見るようにします。あらかじめチェックポイントを子供に知らせておくと、気を付けるようになります。

私のやり方② 宿題確認は定着確認

宿題を見ることで定着度を確認することができます。**間違いが多い子供には休み時間や放課後などの時間を使って個別指導をします。**多くの子供が間違えた問題は再度授業で扱い、解き方を指導して定着を図りましょう。

私のやり方③ 提出状況は子供、内容は担任がチェック

誰がどの宿題を提出したかまで、担任がチェックするのは大変です。
宿題をチェックする係を作って、**提出状況は係の子供にチェックさせる**とよいでしょう。チェック表を用意しておくと後で確かめることができます。

宿題 ⑤

間違い直しのさせ方

チェック後は消さずに直させよう

私のやり方 1 赤鉛筆を使って直す

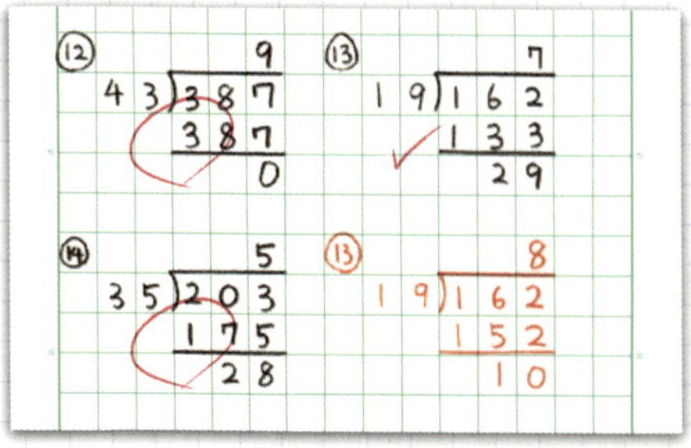

子供は間違えると、消しゴムで消したがります。でも、消してしまうとどの部分を間違えたのか分からなくなります。次は間違えないように、どこが違うのか見える化させましょう。そのためにもチェック後は**間違えた答えは消さないで、赤鉛筆や赤ペンを使って直すように指導しましょう。**

私のやり方 2 直しは別のところにやらせる

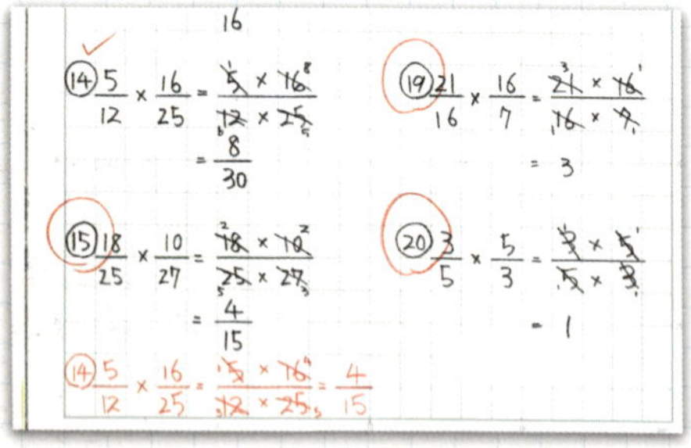

間違えた問題の上に直すと分かりにくくなります。**間違えた問題は、別のところに解き直しをさせましょう。**

私のやり方 3 間違い直しのルールを学年当初に決める

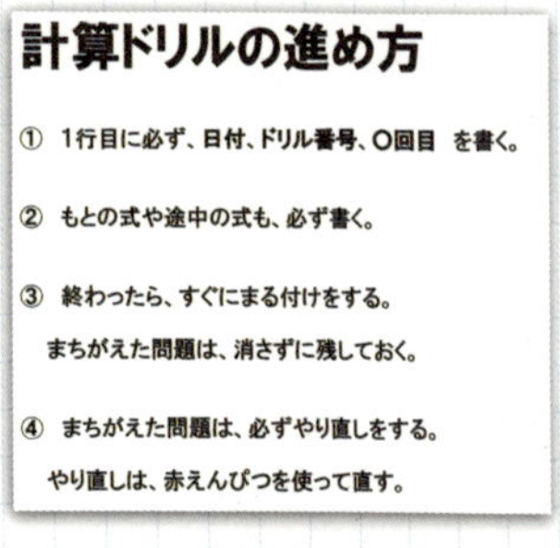

計算ドリルの進め方

① 1行目に必ず、日付、ドリル番号、○回目　を書く。

② もとの式や途中の式も、必ず書く。

③ 終わったら、すぐにまる付けをする。
まちがえた問題は、消さずに残しておく。

④ まちがえた問題は、必ずやり直しをする。
やり直しは、赤えんぴつを使って直す。

小数点のつけ忘れや約分忘れなどのケアレスミスも、**間違えた答えを赤で直させます。**間違い直しをするときのルールを決めて、学年当初にしっかり指導しましょう。

私のやり方 4 間違い直し用紙を用意する

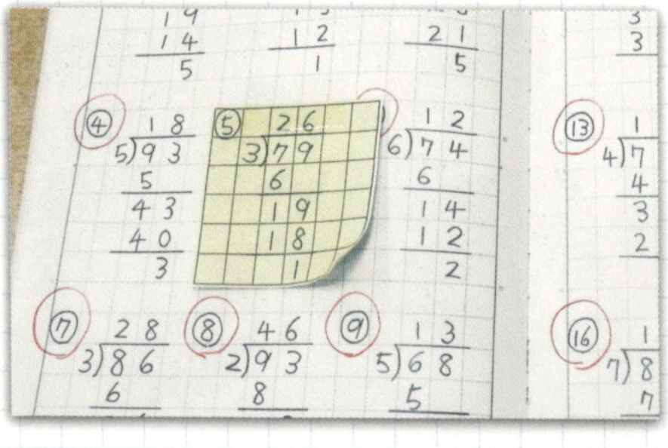

間違い直し用に、ノートと同じマス目の用紙を色つきの紙に印刷して用意します。6cm角に切っておくと便利です。間違い直しをした後に、**間違えたところにセロハンテープで貼ると、間違えたところが分かりやすくなります。**

保護者会や授業参観で伝えること

「こうやります」と伝えよう

私のやり方① 学校での指導を家庭に伝える

年度初めの授業参観では、計算ドリルの**指導場面を見せることで、学校でどのような指導を受けているのかを、家庭に伝えます。**指導の時には、「筆算の線は定規で引きます。」などのキーワードを使い、指導のポイントを見せましょう。

私のやり方② 保護者会で確認する

授業で指導の様子を見てもらったら、保護者会で、**どのようなことに重点を置いているかを分かりやすく説明します。**
学校でも家庭でも、毎日の取り組みが大切であることをしっかりと理解してもらい、保護者の協力の大切さを伝えましょう。

私のやり方③ お便りを読んでもらう

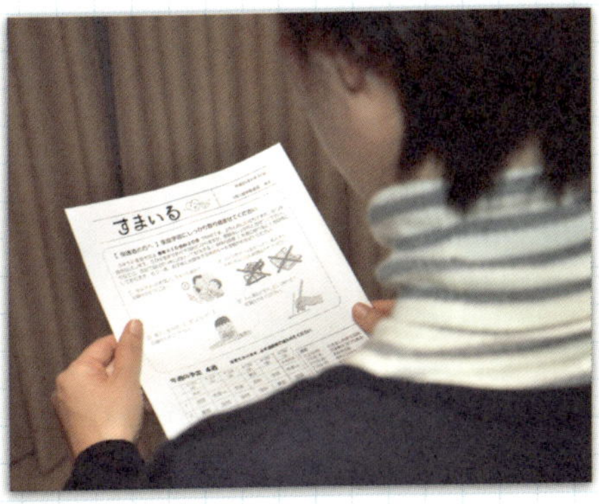

学年便りや学級便りには、家庭学習のお願いなどが掲載されていることを、最初の保護者会で伝え、**必ず読んでもらうようにします。**
またこの時、読んで疑問などがある場合は、すぐに担任に連絡をしてもらうよう、お願いしておきましょう。

保護者 ❷

学年便りや学級便りで伝えること

「こうやっています」と伝えよう

私のやり方❶ 学習の仕方を伝える

来週の予定

	16日	17日	18日	19日	20日
	月	火	水	木	金
朝	全校朝会			縦割り班遊び	
1	国語	理科	社会	家庭	算数
2	算数	理科	音楽	家庭	社会
3	図工	算数	算数 テスト「分数」	理科	国語
4	図工	外国語	体育外	算数	理科 テスト「流れる水」
5	社会	家庭科 調理実習		社会 テスト「自動車」	国語
6	体育外			クラブ	体育外
下校	15:30	15:30	13:20	15:30	15:30
宿題	音読 漢字練習　輸 漢字テスト練習 37・38①〜⑩ 計算ドリル19 漢字プリント	音読 漢字練習　耕 漢字テスト練習 37・38⑪〜⑮ 計算ドリル20 漢字プリント	音読 漢字練習　務 漢字テスト練習 37・38⑯〜⑳ 計算ドリル21 漢字プリント	音読 漢字練習　恩 漢字テスト練習 37・38⑪〜⑳ 計算ドリル22 漢字プリント	音読 漢字練習　賀仏桜 漢字テスト練習 39・40①〜⑤ 計算ドリル23 漢字プリント
漢テ	37・38⑥〜⑩	37・38①〜⑩	37・38⑪〜⑮	37・38⑯〜⑳	37・38⑪〜⑳
連絡	汚れてもよい服装	学芸会の写真	4時間授業	クラブ活動	

日々の取り組みもお便りで伝えます。計算ドリルを学習した後の**テストのサイクル**や合格ライン、現在取り組んでいる単元の中で注意してほしい点、**提出物の提出の仕方や期限**などを掲載すると、家庭でも見通しをもつことができるため、協力を得やすくなります。

私のやり方❷ 学習状況を伝える

じ発表を繰り返すことで発表の習熟を図る。聞き手になった時は、黙って聞くだけなく、質問やコメントを返すことを意識させたい。

な意味をおさえることも大事
自分の語彙を使って言い換え
使い分けの判断をさせること

今週の家庭学習のポイント　※学習の進度により、予定が変わる

◎漢字ドリル　24	2回目のテストが毎日行われています 点です。合格者の割合はかなり高くな
◎計算ドリル　35〜37	比の学習をしています。今週は、比を たくさん解いていきます。
◎日記・スマイル（自主学習）	1学期もあと1ヶ月になりました。提 人は、ノートを点検しましょう。

学習範囲を掲載して、あらかじめつまずきが予想される問題や考え方を、具体的に知らせておきましょう。また、**子供のノートを紹介**すると、ノートの使い方や考え方が確認できるので有効です。

私のやり方❸ テストも予告する

17日	18日	19日	20日
火	水	木	金
		縦割り班遊び	
理科	社会	家庭	算数
理科	音楽	家庭	社会
算数	算数 テスト「分数」	理科	国語
外国語	体育外	算数	理科 テスト「流れる水」
家庭科 調理実習		社会 テスト「自動車」	国語
		クラブ	体育外
15:30	13:20	15:30	15:30

いつ、どの範囲のテストを実施するかを、お便りで事前に伝えておきます。
単元の中で誤答率が高かった問題などを掲載すると、家庭でどこに注意して取り組めばよいかが明確になります。テスト終了後にはチェックもしてもらいましょう。

保護者 ③

保護者に協力してもらうこと

「こうしてほしい」と具体的に伝えよう

私のやり方 ① 学習環境を整える

習慣づけのために、毎日決まった時刻に宿題をさせるよう保護者に伝えます。取りかかる前には机の上を片付ける、必要な道具をそろえる、テレビを消すなど、**集中できる環境を整えてもらいましょう。**宿題を終えたかもきちんと見届けてもらいます。

私のやり方 ② 答え合わせの仕方

低学年は自分で丸つけをするのが難しいため、子供が問題を解き終わるのを見届けたらすぐに、**保護者に答え合わせをしてもらいます。**中学年になったら、子供が自分で答え合わせまでして、保護者はそれを確認するだけにしましょう。

私のやり方 ③ 定期的に約束事を確認

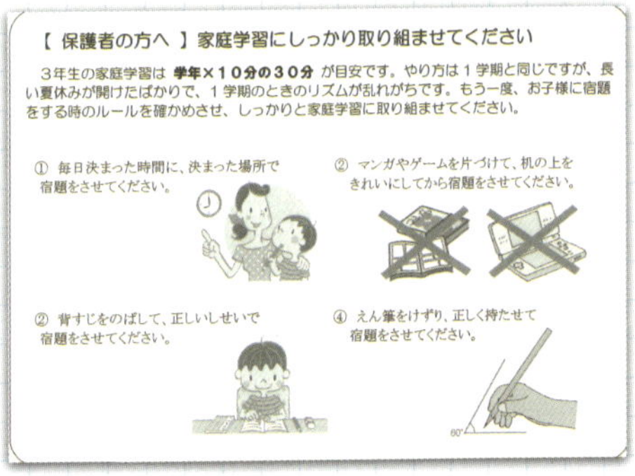
【 保護者の方へ 】家庭学習にしっかり取り組ませてください

３年生の家庭学習は **学年×１０分の３０分** が目安です。やり方は１学期と同じですが、長い夏休みが開けたばかりで、１学期のときのリズムが乱れがちです。もう一度、お子様に宿題をする時のルールを確かめさせ、しっかりと家庭学習に取り組ませてください。

① 毎日決まった時間に、決まった場所で宿題をさせてください。

② マンガやゲームを片づけて、机の上をきれいにしてから宿題をさせてください。

② 背すじをのばして、正しいしせいで宿題をさせてください。

④ えん筆をけずり、正しく持たせて宿題をさせてください。

60°

例えば月に一度、宿題をする時の約束を確認します。宿題の取り組み方をお便りで伝え、学習環境などが乱れていないか、再度保護者に確認してもらいます。**特に長期休業明けは、必ず行うようにしましょう。**

コラム

学校教材活用指導法研究会　実践レポート②

「宿題の出し方」

公立小学校教師
H・N先生

宿題の出し方

宿題が負担と感じている子どもの対応が必要

「今日の宿題は、計算ドリルの○ページです」私がしばしば口にしている言葉です。しかし子どもの理解度には差があり、ドリル1ページをそのまま宿題として出されると、負担の大きい子どももいるため、学習内容の定着や自学できる子どもの育成を目的として出したにもかかわらず、結果として宿題自体に満足に取り組めないということも起こりかねません。もちろん全員がすんなりと取り組むことができることが理想ですが、まずは宿題すら負担であるという子どもへの対応が必要なのでは?と考えました。

授業から宿題への流れ

計算ドリル

・授業の最後に余った時間を活用し、宿題に取り組ませるようにします。わからなければ学校で指導することができるため、家庭で取り組む問題数が減るだけでなく、解き方への不安も解消することができます。

・全員で例題的に宿題の中から1問解き、授業の内容を再確認させ、定着を図ります。解く問題はドリルを事前に見ておき、難しい問題もしくはパターンをより定着させるための問題を、教師が授業の内容から判断し決定しておきます。こうすることで、子どもの負担を軽減させます。

・ドリルの注意する問題に印をつけるなどしておいてから取り組ませます。子どもは「難易度が上がった。」と心の準備をしてから問題に取り組めるので、無駄な時間を省くことができます。

漢字ドリル

・毎日3文字、又は5文字などと確実に覚えられる数だけを出します。子どもたちが慣れてきたら10文字程度まで増やします。

・同じ文字数と同じやり方を毎日コツコツ続けるようにします。授業で練習させたのと同じパターンで取り組ませることで、子どもたちにも習慣化が図られます。

これらの手立てをうつことで、子どもたちの宿題に対する心理的ハードルは、かなり下げられます。

点検の工夫

提出された宿題の全ての答え合わせを教師がしようと思っても、時間的に不可能です。そこで、計算ドリルは提出の有無や答え合わせがきちんとできているか、もしくは答え合わせを係の子どもに担当させて全員で取り組み、教師は最終確認のみにする。というように、時間を生み出す工夫が必要です。しかし漢字を間違えたままで記憶してしまうことは問題です。漢字ノートは教師が確認し、間違いがあった場合はすぐに直します。

学級だよりの工夫

ノートの使い方は正しいか、答え合わせの仕方は正しいかを家庭で見ていただくだけでも、子どもの意識が変わります。また、学校で取り組んでいる内容をその都度家庭に知っていただくことで、協力態勢を整えていくこともできます。そのためにも学級だよりで積極的に宿題への取り組み方をお知らせしていくことが大切です。

ついつい目先のことばかりを考えてしまいがちですが、教師である私自身が、宿題の意味をよく考えていかなければいけないと思います。

使用した教材
くりかえし計算ドリル
くりかえし漢字ドリル

出典「学校教材はこう使おう!　ベテラン先生に学ぶ、学校教材活用法」フリーマガジン『WUTAN23』(NPO法人全国初等教育研究会発行 2013年7月)

第4章

そうだったんだ!

学校教材の秘密 ～計算ドリル編～

わたし、
もっと計算ドリルのこと
知りたい!
わく
わく
計算ドリル
編集者
ぼくが
教えてあげましょう!

ドリルの形の理由

1 細長い理由

「くりかえし計算ドリル」は、約29cm×15cmと細長い形をしています。これは、子供の机のサイズに合わせているからです。ドリルを机の左側に、ノートを右側に置けば、重ならずに机の上に収まるようになっています。このように置くことで、ドリルを見ながらノートに計算練習をするときに、視線の動きが左右だけで済みます。

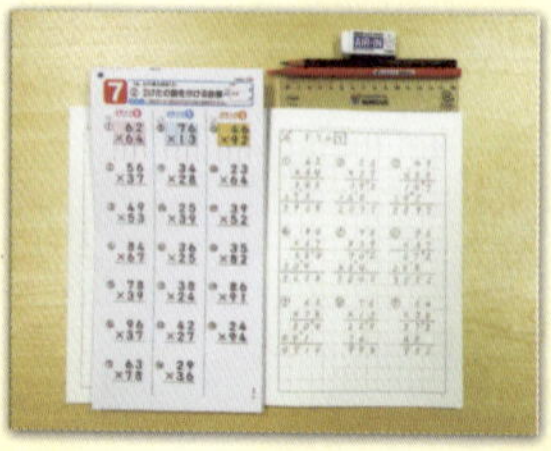

2 穴が空いている理由

計算ドリルの左上には穴が空いています。この穴に紐を通して、机の脇に掛けておくことができます。計算ドリルはノートや教科書より小さいため、紛れてなかなか見つけられない子供が出てきます。そうならないようにするための配慮です。

★40年前から変わらぬ形

右の写真は約40年前の計算ドリルです。基本的な形・構成は変わっていません。ちなみに、以前の表紙は犬や猫の写真が主流でした。キャラクターが使われだしたのは平成10年頃のことです。

基本の3構成

学習の効果があがるよう3段階の構成になっています。

1 <単元>のページで練習する!

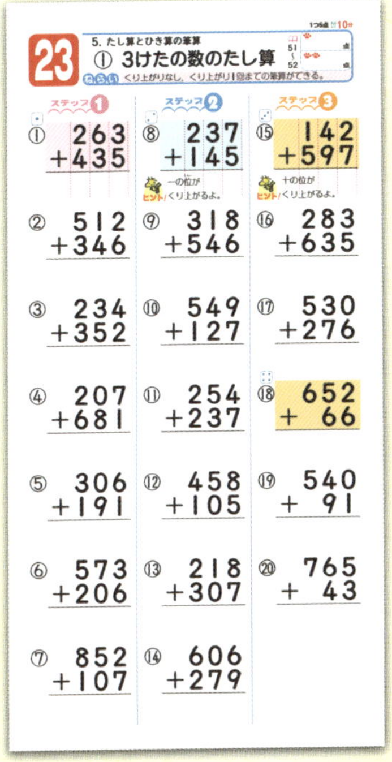

1つ5点 10分

23 5. たし算とひき算の筆算

① 3けたの数のたし算 51～52

ねらい くり上がりなし、くり上がり1回までの筆算ができる。

ステップ1

① 263+435
② 512+346
③ 234+352
④ 207+681
⑤ 306+191
⑥ 573+206
⑦ 852+107

ステップ2

⑧ 237+145
ヒント! 一の位が くり上がるよ。
⑨ 318+546
⑩ 549+127
⑪ 254+237
⑫ 458+105
⑬ 218+307
⑭ 606+279

ステップ3

⑮ 142+597
ヒント! 十の位が くり上がるよ。
⑯ 283+635
⑰ 530+276
⑱ 652+66
⑲ 540+91
⑳ 765+43

教科書と同じ型の問題が通常20題あります。これをノートに繰り返して練習します。

2 <力だめし>のページで確かめる!

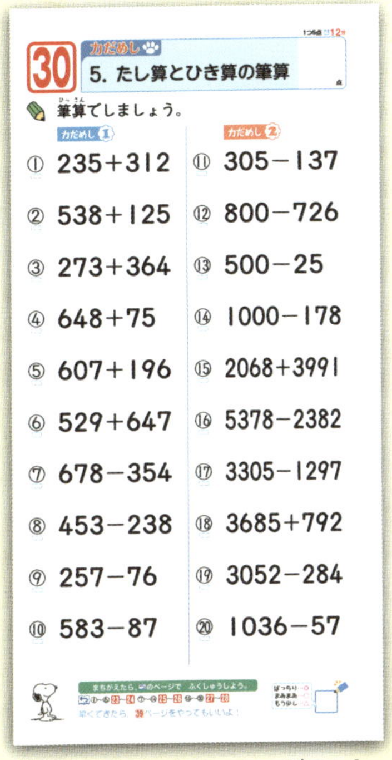

1つ5点 12分

30 力だめし 5. たし算とひき算の筆算 点

筆算《ひっさん》てしましょう。

力だめし1

① 235+312
② 538+125
③ 273+364
④ 648+75
⑤ 607+196
⑥ 529+647
⑦ 678−354
⑧ 453−238
⑨ 257−76
⑩ 583−87

力だめし2

⑪ 305−137
⑫ 800−726
⑬ 500−25
⑭ 1000−178
⑮ 2068+3991
⑯ 5378−2382
⑰ 3305−1297
⑱ 3685+792
⑲ 3052−284
⑳ 1036−57

まちがえたら、のページで ふくしゅうしよう。

①～⑥ 23～24 ⑦～⑬ 25～26 ⑭～⑳ 27～28

早くできたら、39ページをやってもいいよ!

ばっちり…○ まあまあ…□ もう少し…△

中間のまとめのページです。学習したことを確認します。

3 <しあげ>のページで身に付く!

39 しんきゅう式 1学きのしあげ

3きゅう たし算 1つ10点 点

筆算《ひっさん》てしましょう。

① 142+637
② 367+517
③ 273+465
④ 702+48
⑤ 487+136
⑥ 694+67
⑦ 509+298
⑧ 816+452
⑨ 7297+1256
⑩ 5806+596

2きゅう ひき算 1つ10点 点

筆算てしましょう。

⑪ 759−624
⑫ 492−256
⑬ 516−175
⑭ 849−83
⑮ 961−693
⑯ 803−459
⑰ 301−57
⑱ 1006−197
⑲ 5814−1268
⑳ 4050−58

期末のまとめのページです。もう一度練習することで確かな定着を図ります。

★見やすさを追究した数字

計算ドリルの数字は独自に開発した書体です。細すぎず太すぎず、ちょうどよい見やすさを追究しています。

0 1 2 3 4 5 6 7 8 9

1つ5点 10分

23 5. たし算とひき算の筆算

① 3けたの数のたし算 51～52 点 点

ねらい くり上がりなし、くり上がり1回までの筆算ができる。

ステップ1 ① 263+435

ステップ2 ⑧ 237+145

ステップ3 ⑮ 142+597

次のページから、もっとくわしく見ていきましょう。

2 計算ドリル 徹底解剖

<計算練習>のページ

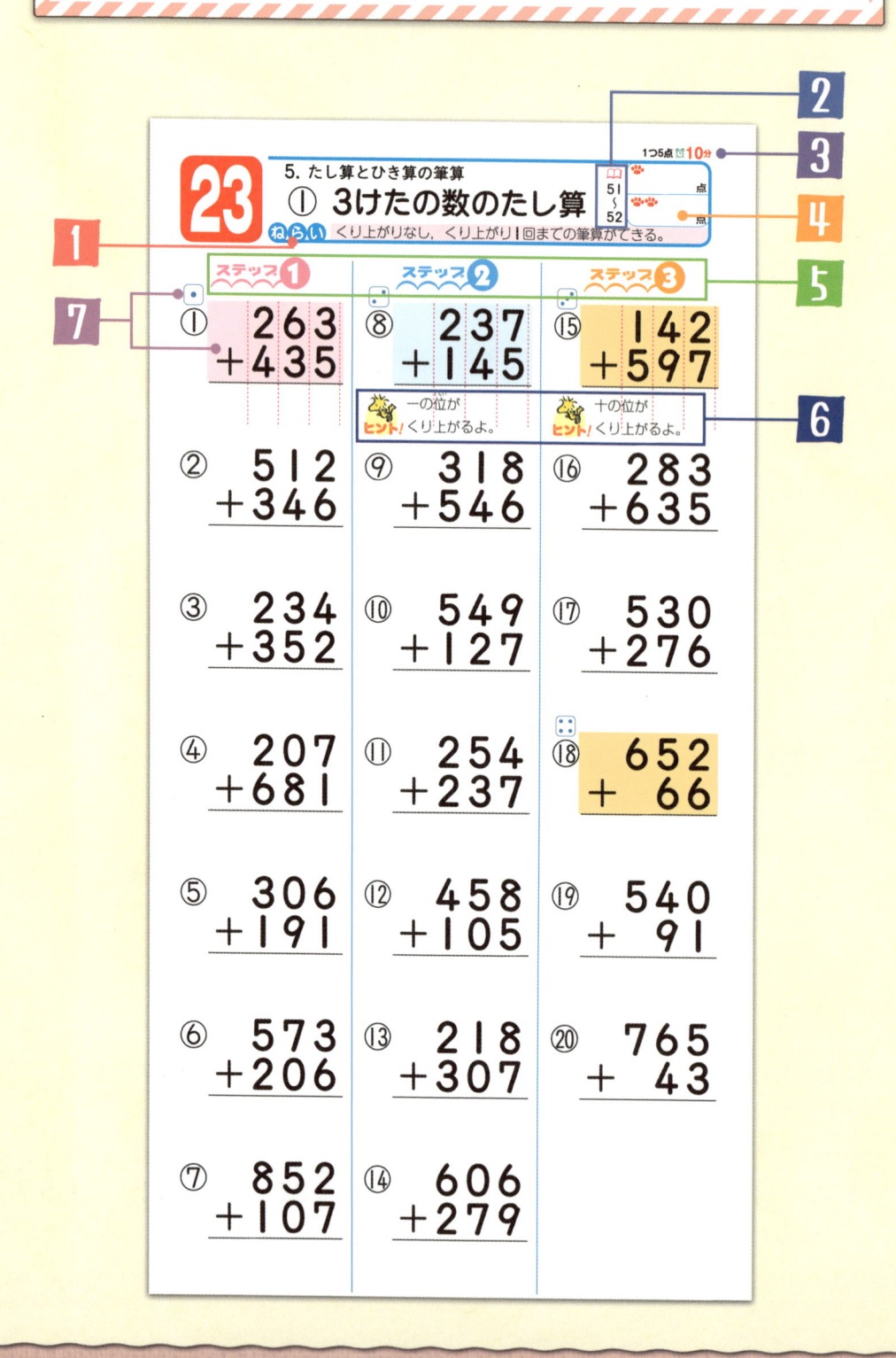

23 5. たし算とひき算の筆算

① 3けたの数のたし算

51～52

1つ5点 10分

点

点

ねらい くり上がりなし，くり上がり1回までの筆算ができる。

ステップ1

① 263 + 435

② 512 + 346

③ 234 + 352

④ 207 + 681

⑤ 306 + 191

⑥ 573 + 206

⑦ 852 + 107

ステップ2

⑧ 237 + 145

ヒント！ 一の位がくり上がるよ。

⑨ 318 + 546

⑩ 549 + 127

⑪ 254 + 237

⑫ 458 + 105

⑬ 218 + 307

⑭ 606 + 279

ステップ3

⑮ 142 + 597

ヒント！ 十の位がくり上がるよ。

⑯ 283 + 635

⑰ 530 + 276

⑱ 652 + 66

⑲ 540 + 91

⑳ 765 + 43

1 2 3 4 5 6 7

1 ねらい

このページの学習目標です。子供に分かりやすい文章で書いています。

2 教科書ページ

このページが教科書の何ページの内容かが分かります。1時間の授業の内容でドリル1ページを原則に構成しています。

3 目安時間

問題を解く目安の時間です。

4 点数欄

2回繰り返して練習できるように、2つの点数欄があります。

5 ステップ

＜計算練習＞のページは、だいたい2つか3つのステップに分けられています。計算練習は20題あるので、一度に取り組むには問題数が多すぎる場合もあります。ステップで分けることで、集中力を持続して無理なく取り組めるようにしています。

6 ヒント

計算が苦手な子供でも練習しやすいように、問題のそばに解法のヒントがあります。

7 計算の型分け

・色分けとマークで、「計算の型」が違うことが分かるように表示しています。

・ドリルの問題の計算の型は、教科書に合わせています。またその提出順も、教科書に合わせています。

・計算の型は、学習の段階を追って並べられているので、左のように易から難の順に並んでいる場合が多いです。

3 計算ドリル

徹底解剖

<文章題>のページ

30 文章題 にチャレンジ

4. たし算とひき算の筆算

1つ25点 10分

点

① 252円のサンドイッチと173円の牛にゅうを買いました。あわせて何円ですか。

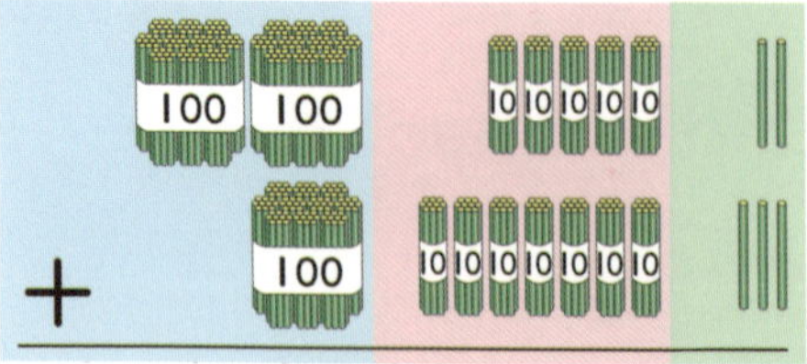

② まことさんの学校には，男の子が278人，女の子が265人います。子どもの数は，みんなで何人ですか。

③ 312ページの本を読んでいます。いままでに86ページ読みました。
あと何ページのこっていますか。

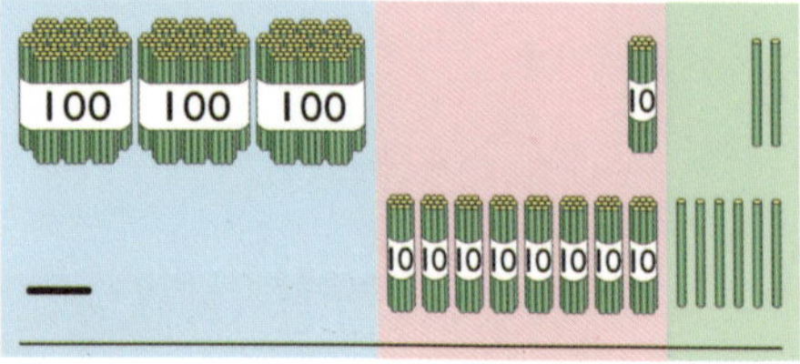

④ 動物園《どうぶつえん》に，きのうは6396人，今日《きょう》は8124人が入園《にゅうえん》しました。今日の入《にゅう》園者数《えんしゃすう》は，きのうより何人多いですか。

★特長と工夫

学習した計算を使って問題解決ができるように、<文章題>のページが<単元>のページの最後にあります。

・問題場面の数量関係を分かりやすくするために、アレイ図・線分図・数直線などの図を載せるようにしています。

① 1mのねだんが70円のテープを，4.3m買いました。代金は何円ですか。

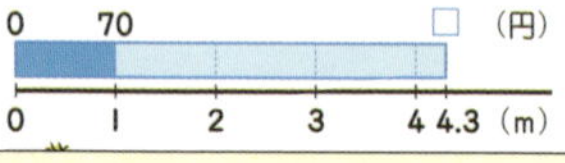

・文章題の解答には式も載せています。

ヒント! たし算とひき算，どちらかな。

395+521=916

916円

・式は――の部分ができていれば可としています。

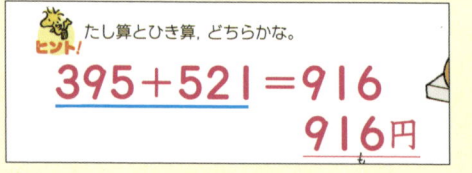

ヒント! たし算とひき算，どちらかな。

395+521=916

916円

<力だめし><しあげ>のページ

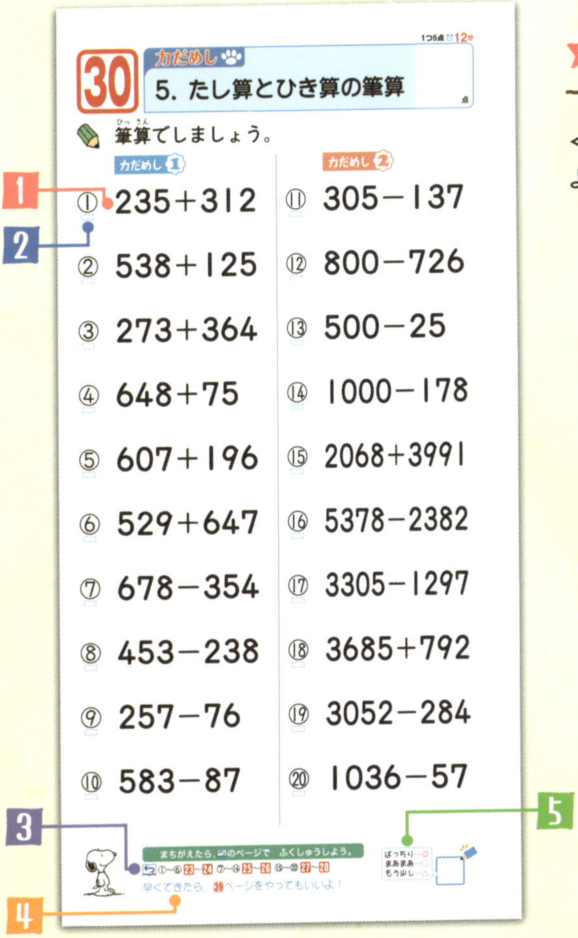

30 力だめし

5. たし算とひき算の筆算

1つ5点 12分

点

筆算《ひっさん》でしましょう。

力だめし 1	力だめし 2
① 235＋312	⑪ 305－137
② 538＋125	⑫ 800－726
③ 273＋364	⑬ 500－25
④ 648＋75	⑭ 1000－178
⑤ 607＋196	⑮ 2068＋3991
⑥ 529＋647	⑯ 5378－2382
⑦ 678－354	⑰ 3305－1297
⑧ 453－238	⑱ 3685＋792
⑨ 257－76	⑲ 3052－284
⑩ 583－87	⑳ 1036－57

まちがえたら、のページで　ふくしゅうしよう。

①～⑥ 23～24　⑦～⑭ 25～26　⑮～⑳ 27～28

早くできたら、39ページをやってもいいよ！

ばっちり…◎
まあまあ…○
もう少し…△

★<力だめし>特長と工夫

<力だめし>のつくりは、<計算練習>のページと次のような違いがあります。

1. 式の形で出題されています。筆算の形に書き変える練習になります。
2. 間違えた問題をチェックする欄があります。2回目は、チェックのついた問題だけやり直すことができます。
3. 間違えた問題は、<計算練習>のページに戻って練習し直すこともできます。どのページに戻るのかの指示があります。
4. 早く終わった子供は先に進むこともできます。次の<しあげ>に進める指示があります。
5. 自己評価欄があります。「ばっちり」がつけられるまでがんばろうという、子供のやる気につながります。

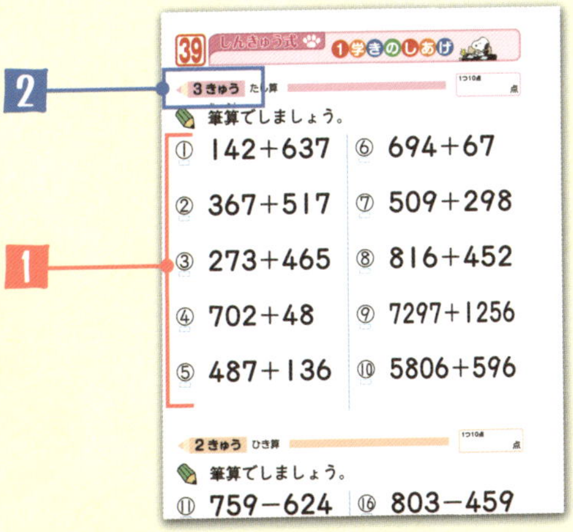

39 しんきゅう式 1学きのしあげ

3きゅう たし算　1つ10点　点

筆算でしましょう。

① 142＋637	⑥ 694＋67
② 367＋517	⑦ 509＋298
③ 273＋465	⑧ 816＋452
④ 702＋48	⑨ 7297＋1256
⑤ 487＋136	⑩ 5806＋596

2きゅう ひき算　1つ10点　点

筆算でしましょう。

⑪ 759－624	⑯ 803－459

★<しあげ>特長と工夫

<しあげ>のつくりは<力だめし>と似ていますが、<計算練習>のページとさらに次のような違いがあります。

1. 1ページが、単元ごとに上下２段の構成になっています。期末までに習ったすべての単元が順番に復習できます。
2. 進級式なので、学習が進むにつれ級が進む達成感があります。

4 計算ドリル徹底解剖

計算領域以外のページ

計算ドリルは、教科書で扱うすべての単元を載せています。
計算領域以外のページの特長です。

＜図形問題＞

47 8. 円と球

① 円

1つ20点 5分　84〜86　点　点

ねらい　きまった半径の円をかくことができる。

ステップ1　下の図で，㋐〜㋒はそれぞれ円の何といいますか。

① ㋐ 中心

② ㋑ 半径

③ ㋒ 半径

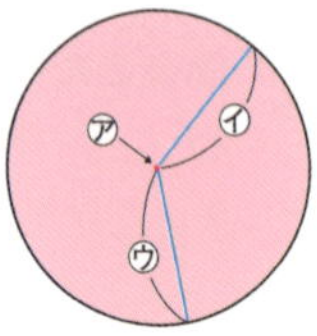

ステップ2　次《つぎ》の円をかきましょう。

④ アの点を中《ちゅう》心《しん》とする，半《はん》径《けい》3cmの円。

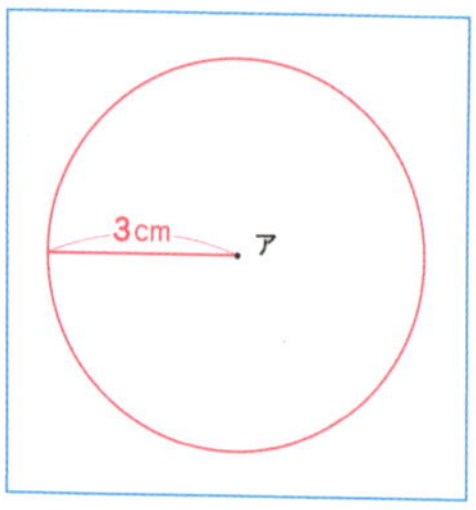

⑤ アの点を中心とする，半径の長さがちがう2つの円。

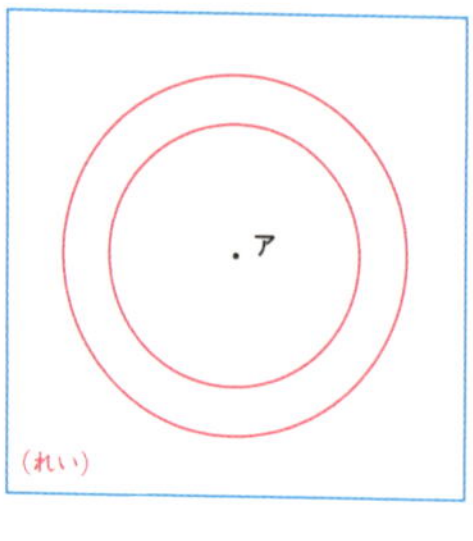

＜グラフ問題＞

19 13. 表とグラフ

② ぼうグラフ

1つ25点 8分　52〜53　点　点

ねらい　ぼうグラフをかくことができる。

下の表《ひょう》は，あすかさんのクラスで，すきなくだものを調《しら》べたものです。
ぼうグラフに表《あらわ》しましょう。

すきなくだもの

しゅるい	メロン	バナナ	みかん	いちご	そのた	合計
人数（人）	14	2	6	10	4	36

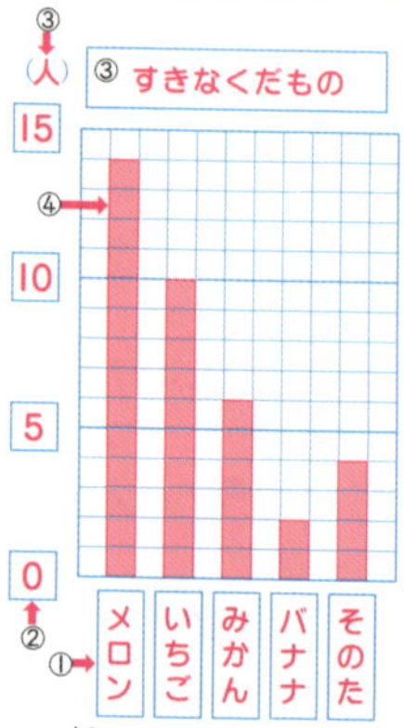

① 横《よこ》のじくに，くだもののしゅるいを書きましょう。

ヒント！ どんなじゅんに書けばいいかな。「そのた」はさいごに書くんだよ。

② たてのじくに，目もりの表す数を考えて，5，10などの数を書きましょう。

ヒント！ いちばん多い人数がかき表せるように考えようね。

③ 表題《ひょうだい》と，目もりのたんいを書きましょう。

④ 人数に合わせて，ぼうをかきましょう。

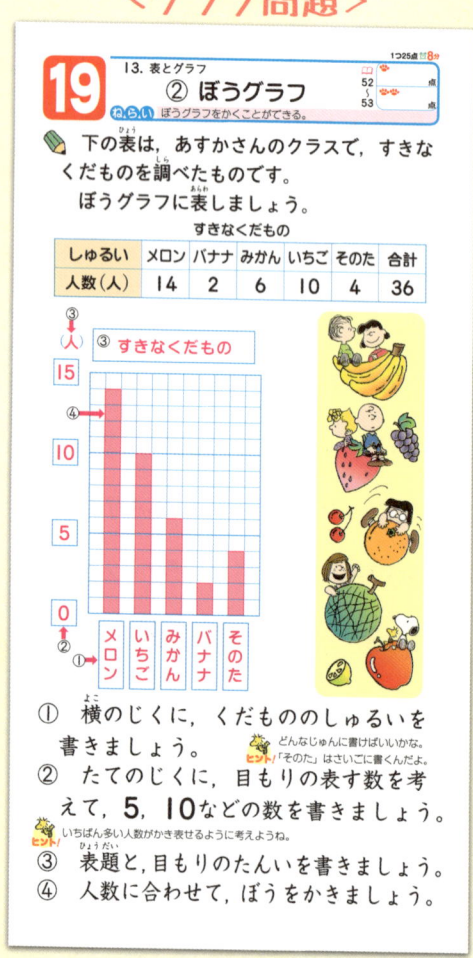

・どちらもドリルに書き込む問題になっています。

・書き込みやすいように、図形問題は作図スペースの枠を設けています。
グラフ問題はグラフ用のマスを設けています。

・書き直すことを想定して、ドリルの紙は消しても鉛筆のあとが残りにくいものを使っています。
印刷に使用するインキも、消しゴムで消えにくいものを使用しています。

＜活用問題＞のページ

教科書で扱っている活用問題と同じレベルの問題を1ページ載せています。

＜活用問題＞

57
考える力を見る問題
虫食い算
ねらい 3，4けたのたし算やひき算を使った問題がとける。

けんたさんが読んだ本に，「虫食い算」というものがのっていました。ある人が葉っぱに計算を書いておくと，虫が食べてしまい，計算がわからなくなったことがあるそうです。

★ けんたさんも，虫食い算を作ってみました。

1 □にあてはまる数をもとめましょう。

① 3□4□ ＋20□9 ＝ □916

② 8□5□ −39□7 ＝ □349

2 □にあてはまる数をもとめましょう。あ，い，う，えにはそれぞれ同じ数がはいります。

③ あいい ＋あいい ＝ 1いいい

④ ううう −えええ ＝ 3ええ

＜活用問題の解答＞

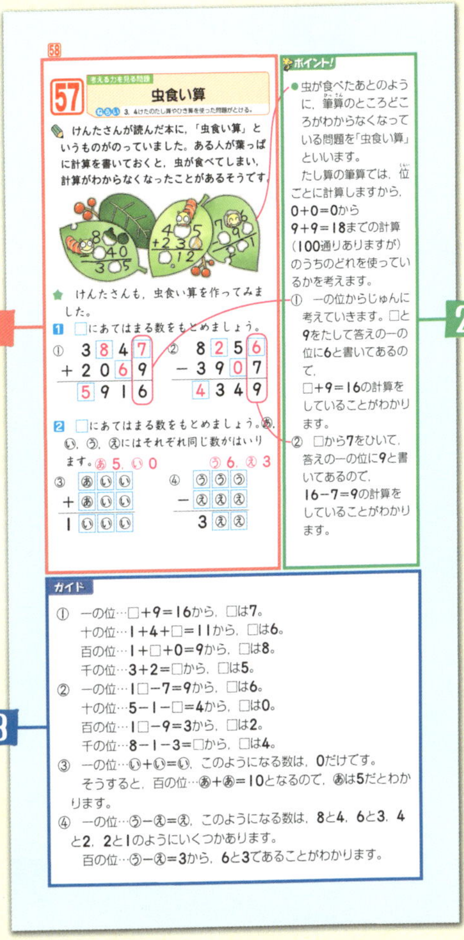
58
57
考える力を見る問題
虫食い算
ねらい 3，4けたのたし算やひき算を使った問題がとける。

けんたさんが読んだ本に，「虫食い算」というものがのっていました。ある人が葉っぱに計算を書いておくと，虫が食べてしまい，計算がわからなくなったことがあるそうです。

★ けんたさんも，虫食い算を作ってみました。

1 □にあてはまる数をもとめましょう。

① 3847 ＋2069 ＝ 5916

② 8256 −3907 ＝ 4349

2 □にあてはまる数をもとめましょう。あ，い，う，えにはそれぞれ同じ数がはいります。あ 5，い 0　う 6，え 3

③ あいい ＋あいい ＝ 1いいい

④ ううう −えええ ＝ 3ええ

ポイント!

● 虫が食べたあとのように，筆算《ひっさん》のところどころがわからなくなっている問題を「虫食い算」といいます。

たし算の筆算では，位《くらい》ごとに計算しますから，0+0=0から9+9=18までの計算（100通りありますが）のうちのどれを使っているかを考えます。

① 一の位からじゅんに考えていきます。□と9をたして答えの一の位に6と書いてあるので，□+9=16の計算をしていることがわかります。

② □から7をひいて，答えの一の位に9と書いてあるので，16−7=9の計算をしていることがわかります。

ガイド

① 一の位…□+9=16から，□は7。
十の位…1+4+□=11から，□は6。
百の位…1+□+0=9から，□は8。
千の位…3+2=□から，□は5。

② 一の位…1□−7=9から，□は6。
十の位…5−1−□=4から，□は0。
百の位…1□−9=3から，□は2。
千の位…8−1−3=□から，□は4。

③ 一の位…い+い=い，このようになる数は，0だけです。
そうすると，百の位…あ+あ=10となるので，あは5だとわかります。

④ 一の位…う−え=え，このようになる数は，8と4，6と3，4と2，2と1のようにいくつかあります。
百の位…う−え=3から，6と3であることがわかります。

1 2 3

・＜活用問題＞は表が問題、裏が解答になっています。
子供が一人でも取り組めるように構成されています。

1 **解答**　問題の裏にあるので、すぐに答えを確かめることができます。

2 **ポイント**　どのように問題を解決したらよいのか、ヒントや考え方を示しています。

3 **ガイド**　具体的に解法の手順を示しています。

5 計算ドリル

徹底解剖

巻末の<答え>

計算ドリルの巻末には、<答え>のページがあります。

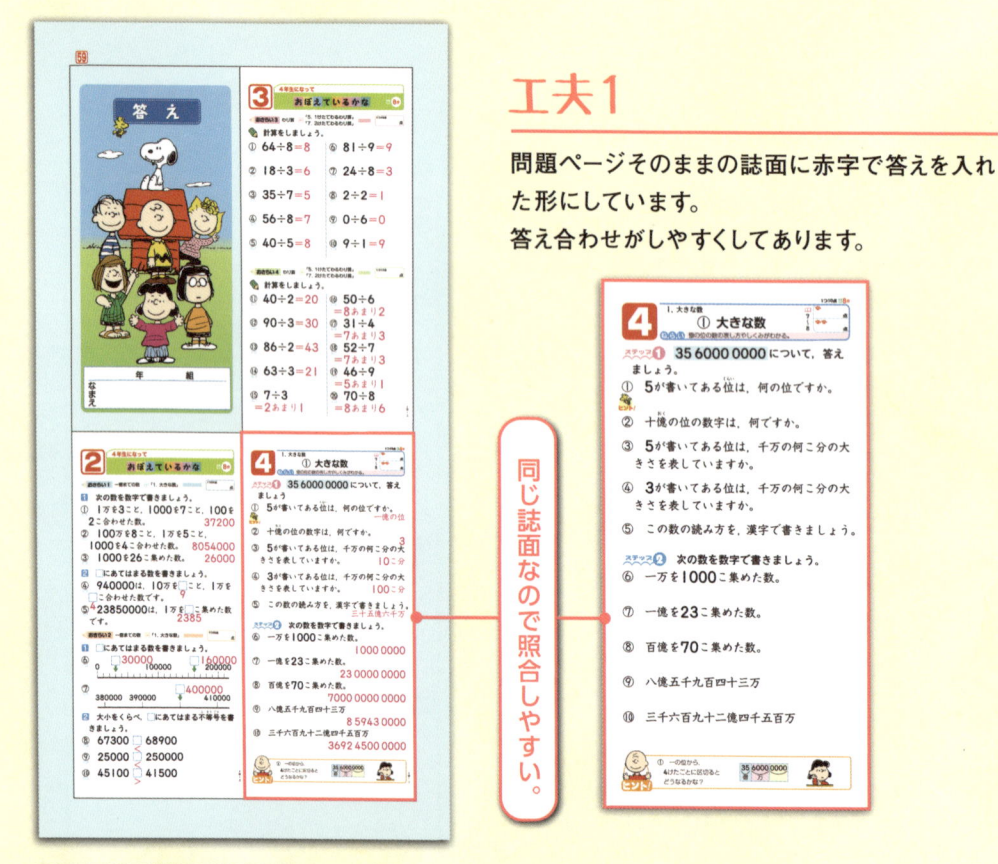

工夫1

問題ページそのままの誌面に赤字で答えを入れた形にしています。
答え合わせがしやすくしてあります。

同じ誌面なので照合しやすい。

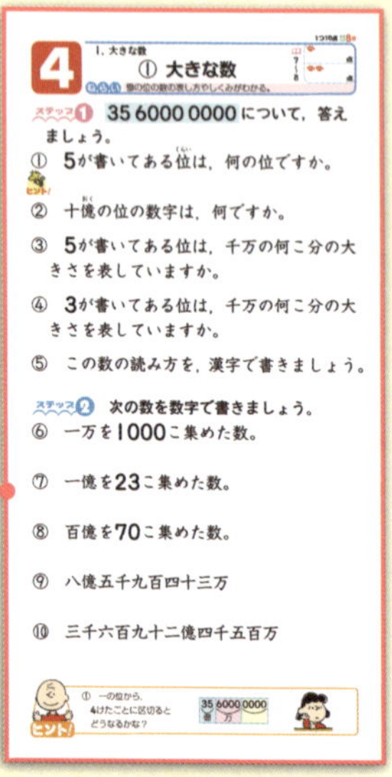

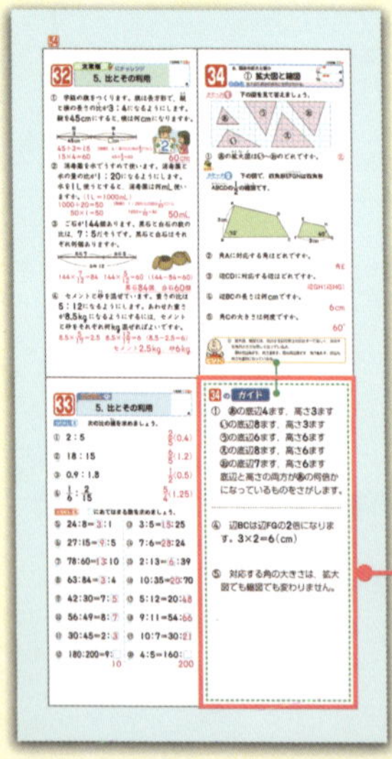

工夫2

筆算の過程をすべて入れています。間違えた箇所に気付き、やり直しに役立ちます。

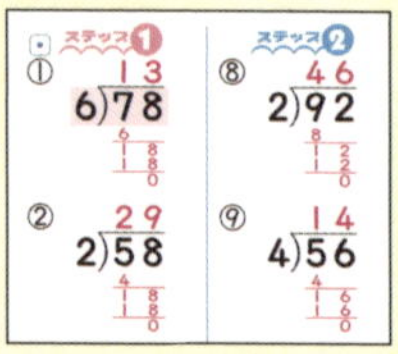

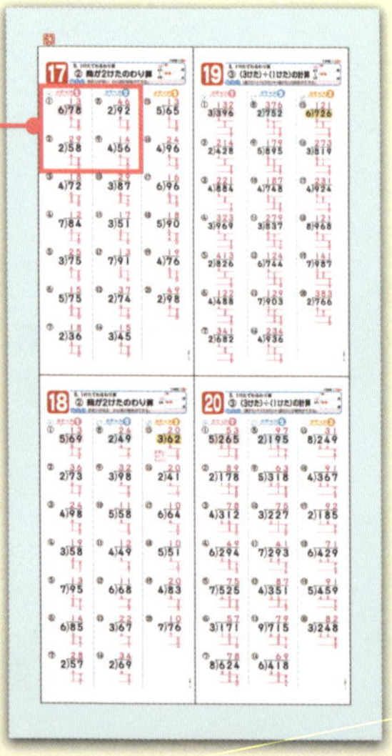

工夫3

間違えやすい問題には解法のガイドを入れています。間違えた場合にやり直しの手引きになります。

6 計算ドリル 関連教材

『計算スキル』(書き込み式ドリル)

本書で取り上げている『くりかえし計算ドリル』は、基本的にノートに練習するための教材なので、誌面に直接書き込むスペースはほとんどありません。これに対して、書き込みができる『計算スキル』という教材もあります。

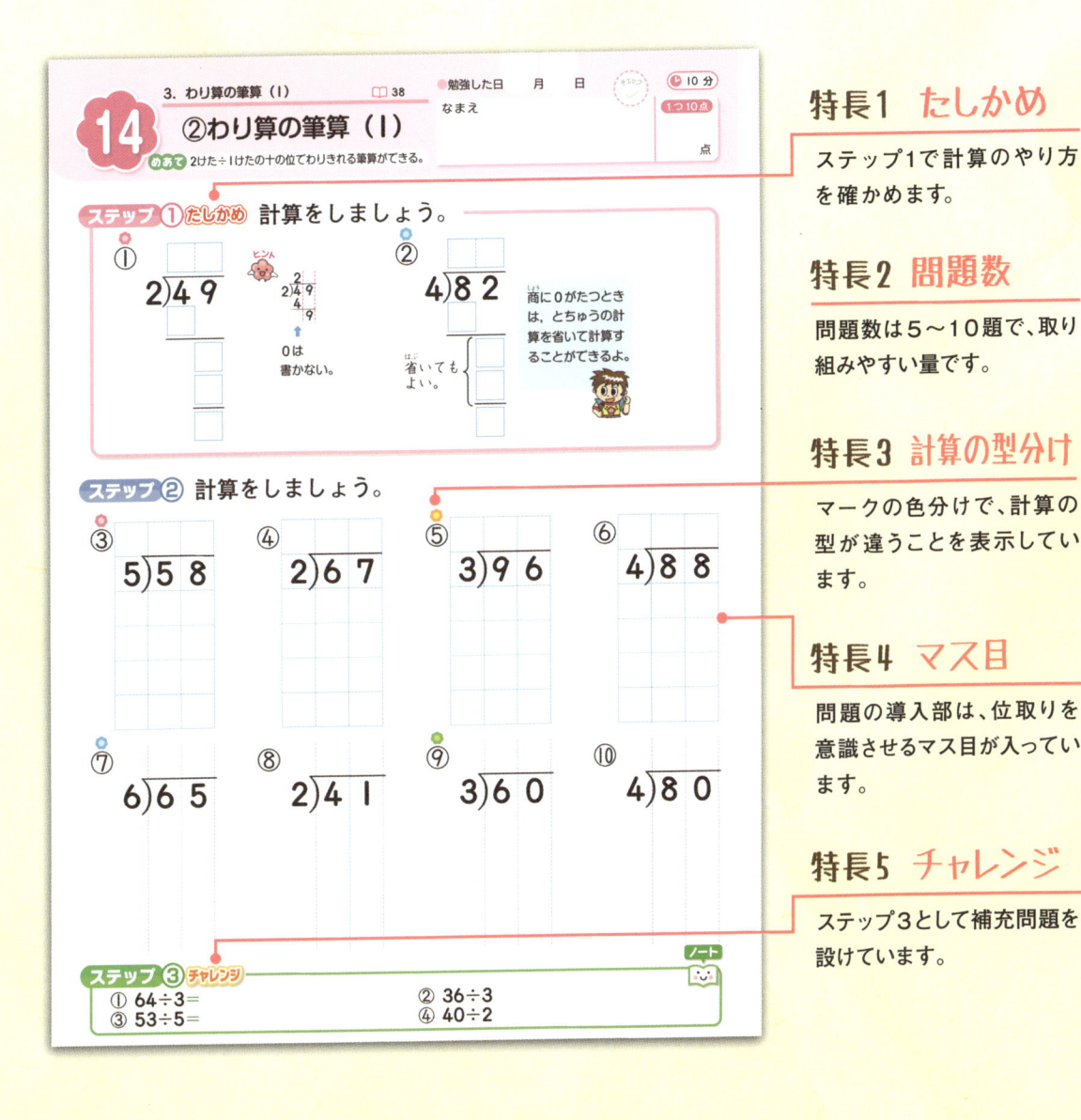

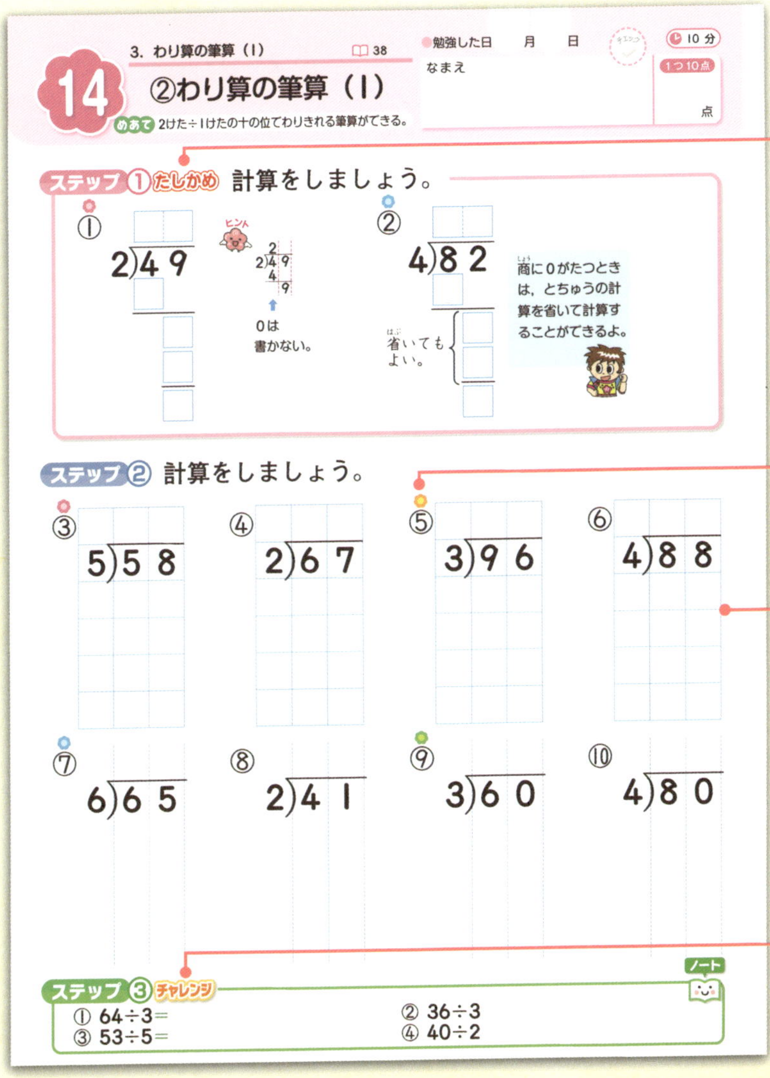

14 3. わり算の筆算 (1) 38

②わり算の筆算 (1)

めあて 2けた÷1けたの十の位でわりきれる筆算ができる。

勉強した日 月 日 10分

なまえ

1つ10点 点

ステップ① たしかめ 計算をしましょう。

① 2)49

ヒント 2)49 2 4 9 0は書かない。

② 4)82

省《はぶ》いてもよい。

商《しょう》に0がたつときは、とちゅうの計算を省いて計算することができるよ。

ステップ② 計算をしましょう。

③ 5)58 ④ 2)67 ⑤ 3)96 ⑥ 4)88

⑦ 6)65 ⑧ 2)41 ⑨ 3)60 ⑩ 4)80

ステップ③ チャレンジ ノート

① 64÷3= ② 36÷3=

③ 53÷5= ④ 40÷2

特長1 たしかめ

ステップ1で計算のやり方を確かめます。

特長2 問題数

問題数は5〜10題で、取り組みやすい量です。

特長3 計算の型分け

マークの色分けで、計算の型が違うことを表示しています。

特長4 マス目

問題の導入部は、位取りを意識させるマス目が入っています。

特長5 チャレンジ

ステップ3として補充問題を設けています。

7 計算ドリル
付属教材

『計算ドリルノート』(別売)

『計算ドリルノート』は、計算ドリルに完全対応した専用のノートです。計算ドリルの問題をそのまま練習できるようになっており、自学自習しやすいつくりになっています。1問目はなぞり文字が入っているので、ノート指導の入門期に最適です。

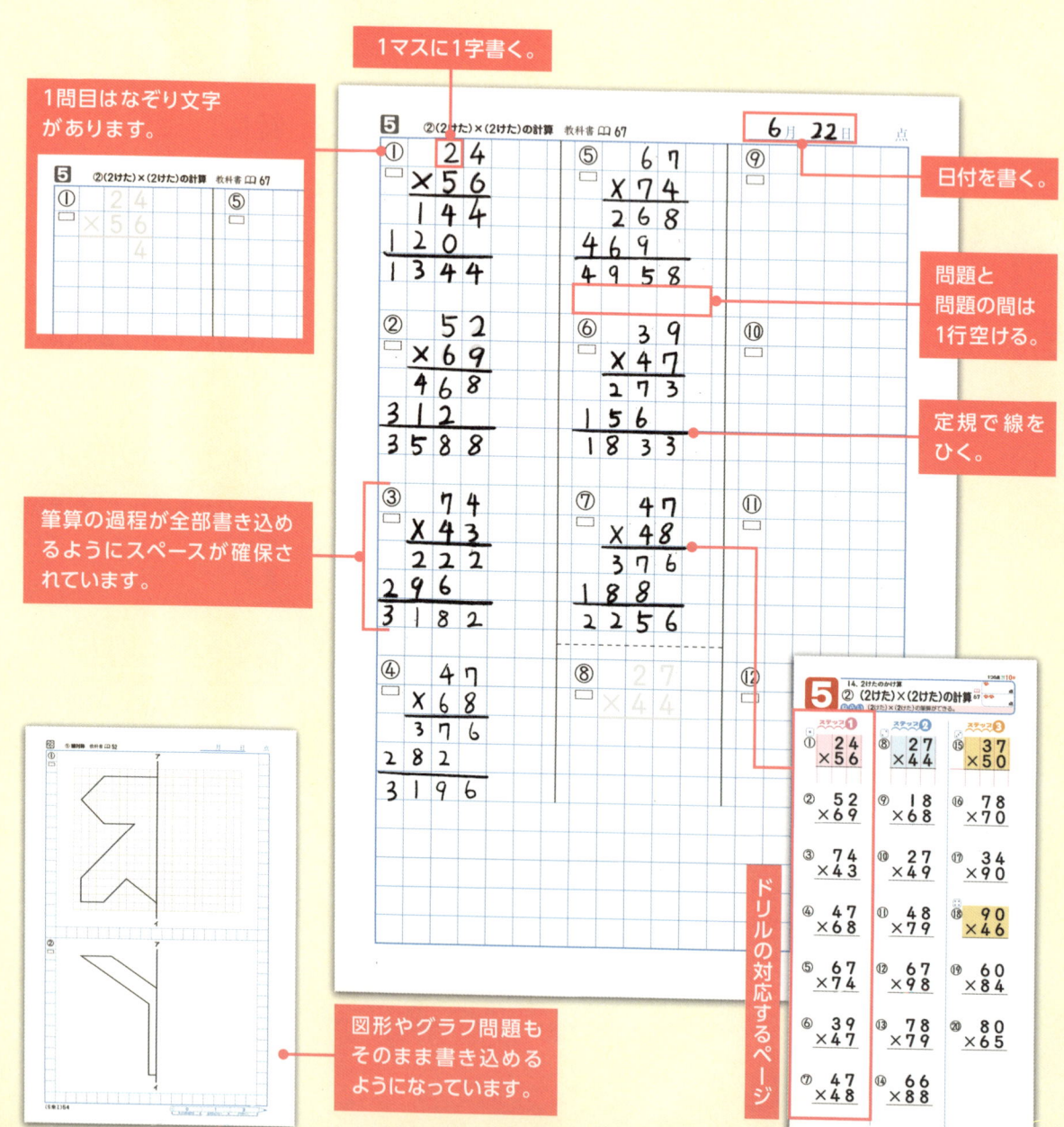

1マスに1字書く。

1問目はなぞり文字があります。

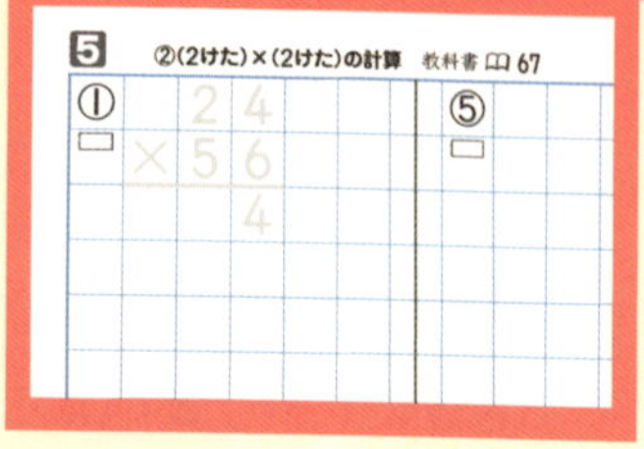

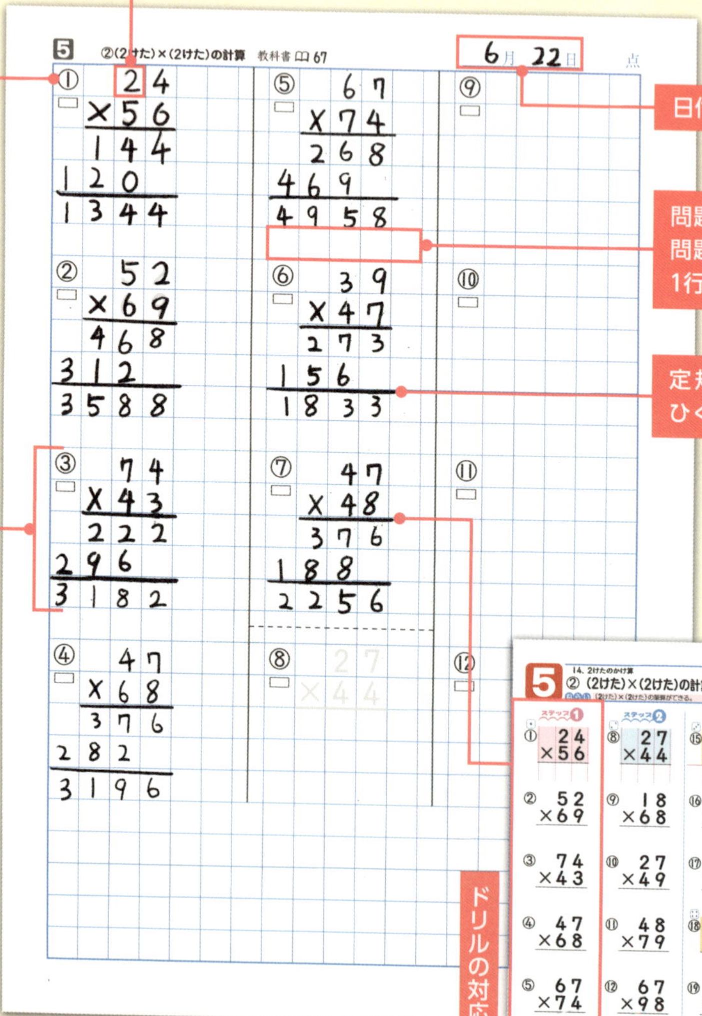

日付を書く。

問題と問題の間は1行空ける。

定規で線をひく。

筆算の過程が全部書き込めるようにスペースが確保されています。

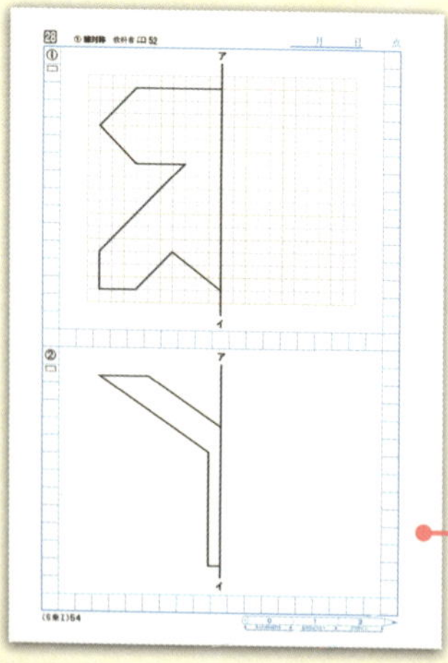

図形やグラフ問題もそのまま書き込めるようになっています。

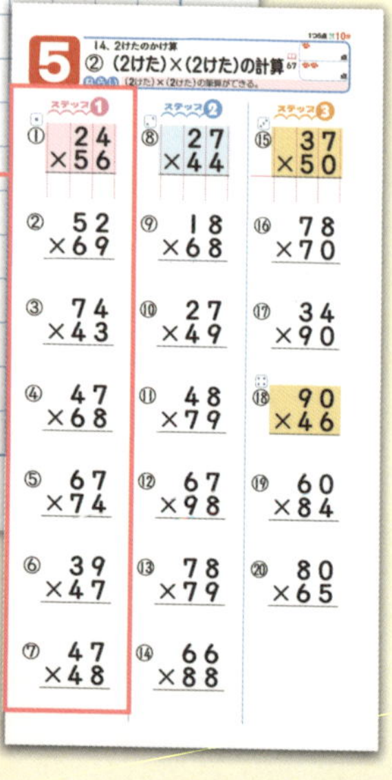

ドリルの対応するページ

『計算のたしかめ』(別売)

『計算のたしかめ』は、計算ドリルに完全対応したプリント（ミニテスト）です。計算ドリルと同じ計算の型や内容の別問題でつくられているので、計算ドリルで学習したことの成果を確かめるのに適しています。

計算ドリル

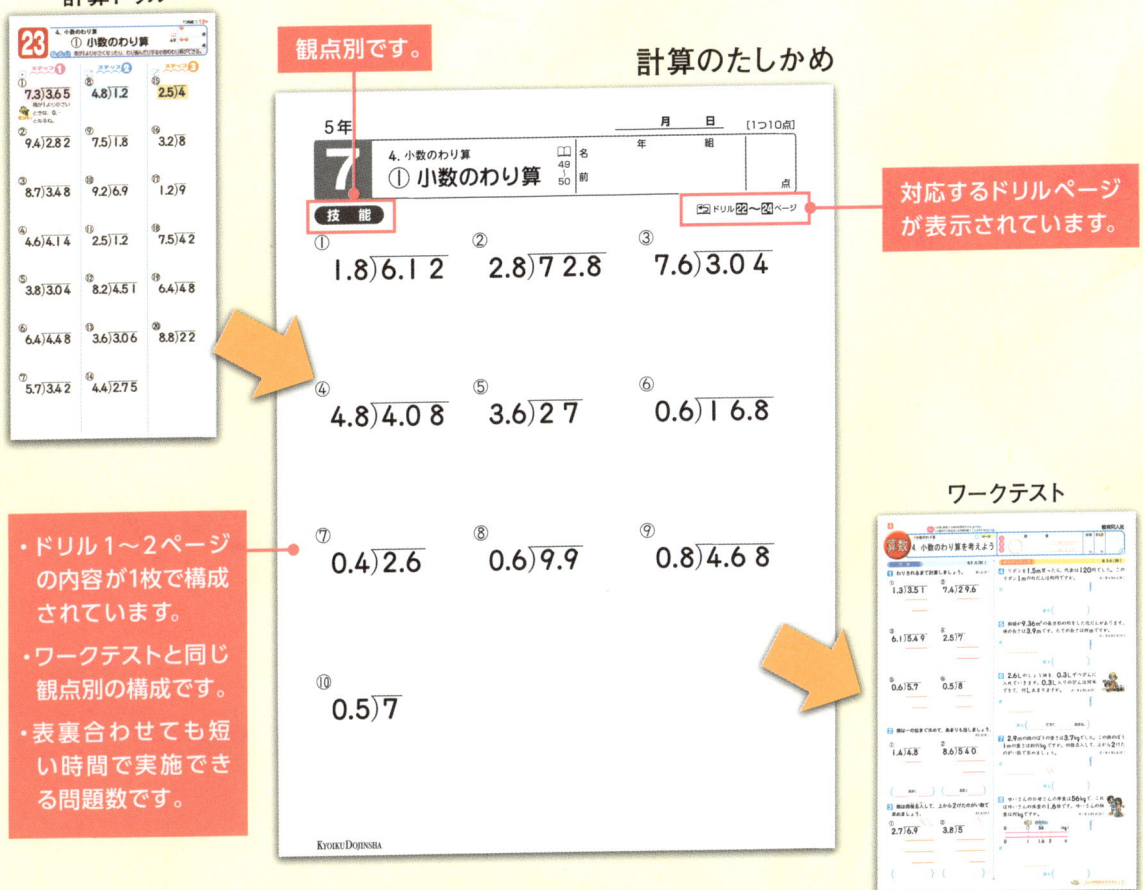

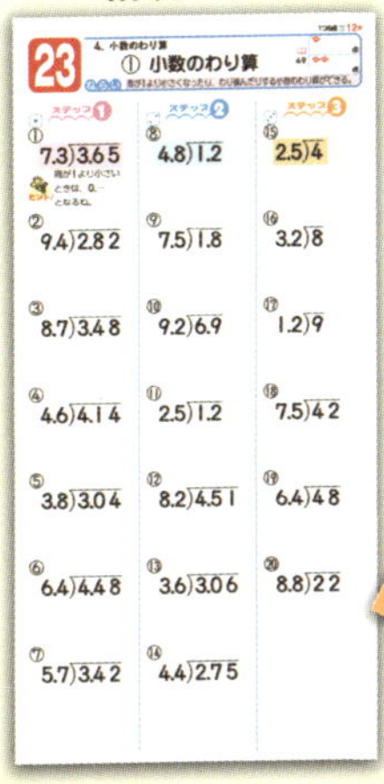

観点別です。

計算のたしかめ

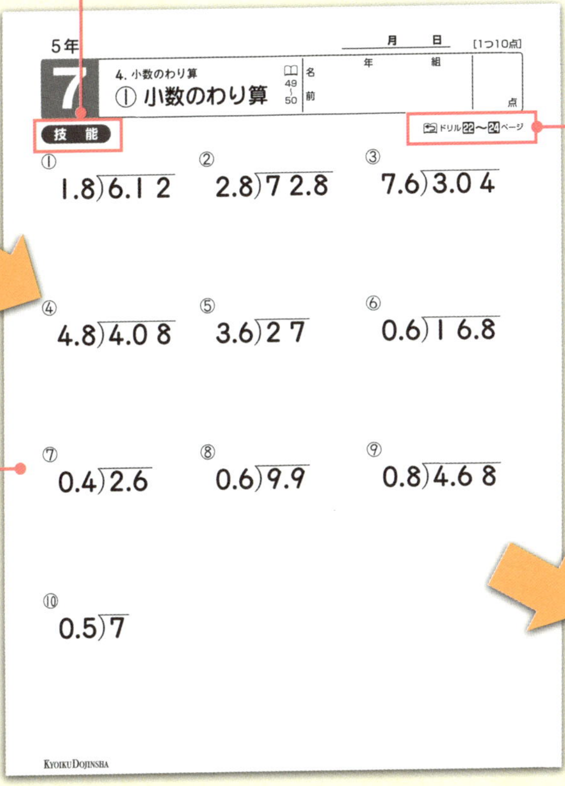
5年　月　日　[1つ10点]

7　4. 小数のわり算
① 小数のわり算　49～50　名前　年　組　点

技能　ドリル22～24ページ

① 1.8)6.12　② 2.8)72.8　③ 7.6)3.04

④ 4.8)4.08　⑤ 3.6)27　⑥ 0.6)16.8

⑦ 0.4)2.6　⑧ 0.6)9.9　⑨ 0.8)4.68

⑩ 0.5)7

KYOIKU DOJINSHA

対応するドリルページが表示されています。

- ドリル1～2ページの内容が1枚で構成されています。
- ワークテストと同じ観点別の構成です。
- 表裏合わせても短い時間で実施できる問題数です。

ワークテスト

用途に合わせて、トジ・バラの2形態から選べる

『計算のたしかめ』は、トジ（本の形態で切り取り式）とバラ（1枚ずつのプリント）があり、どちらかを選ぶことができます。日頃から子供に持たせるならトジ、教師が保管して実施時に配付するならバラが適しています。

トジ
- 子供が保管
- 自主的に取り組める（予習・復習向き）

バラ
- 教師が保管
- 実施時に配付（ミニテスト向き）

8 漢字ドリル 付属教材

『計算デジドリル』（教師用付録）

『計算デジドリル』は、教師用DVD-ROMとして計算ドリルに付属しているデジタル教材です。

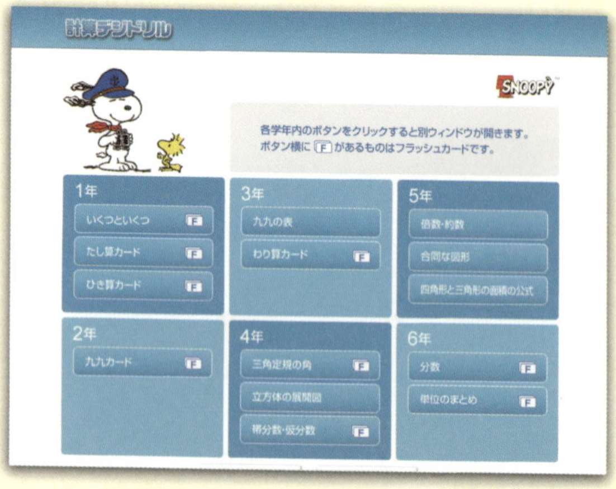

フラッシュ型教材

定着させたい計算をフラッシュ型教材で練習することができます。
簡単な四則計算は、正確さとスピードを身に付けることが大切です。
フラッシュ型教材では、それらの計算練習を楽しく、集中して行えます。

掲示用教材

立体図形の展開図、三角形や四角形の面積公式をアニメーションで分かりやすく学べます。紙ベースでは伝わりづらいものも、デジタル教材だと視覚的に伝わりやすくなります。

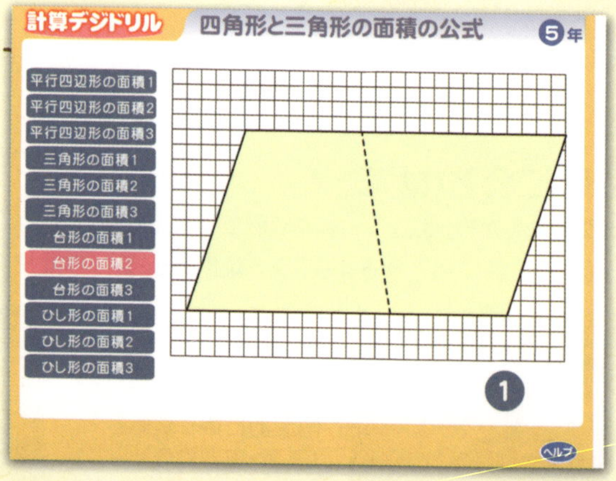

『ココ見て！計算マスクシート』（教師用付録）

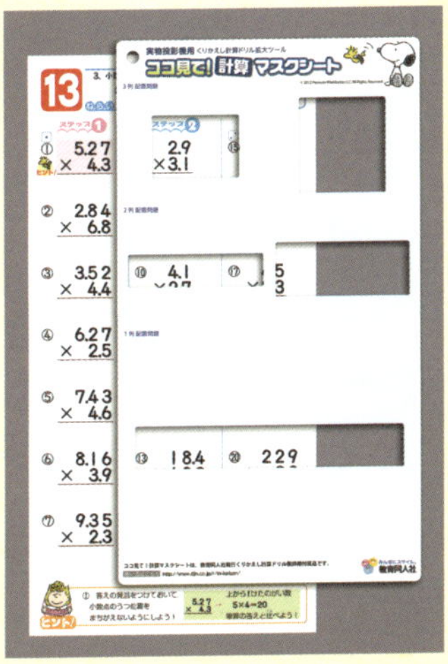

計算ドリルを実物投影機で映す際に必要ない部分まで映ると、どこを見たらよいのか子供が戸惑ってしまうかもしれません。『ココ見て！マスクシート』は、これを解決するためのツールです。

不要な部分を隠して、見せたいところだけを映すことで、どこを学ぶのかのポイントが絞れます。

1 3列配置問題

筆算などに注目させます。

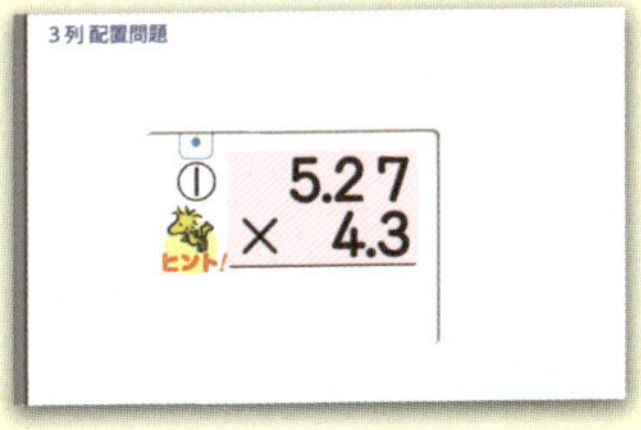

2 2列配置問題

式などに注目させます。

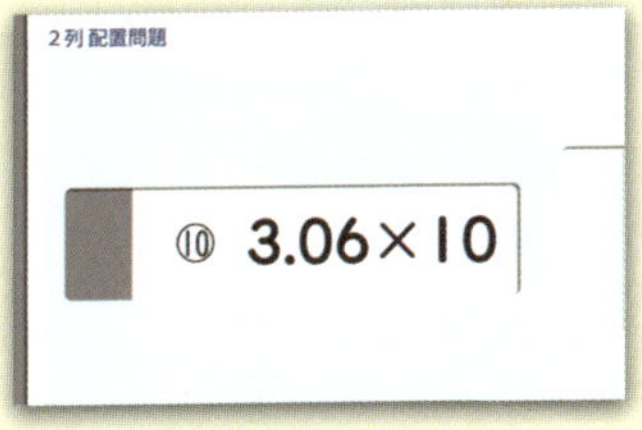

3 1列配置問題

長い式などに注目させます。

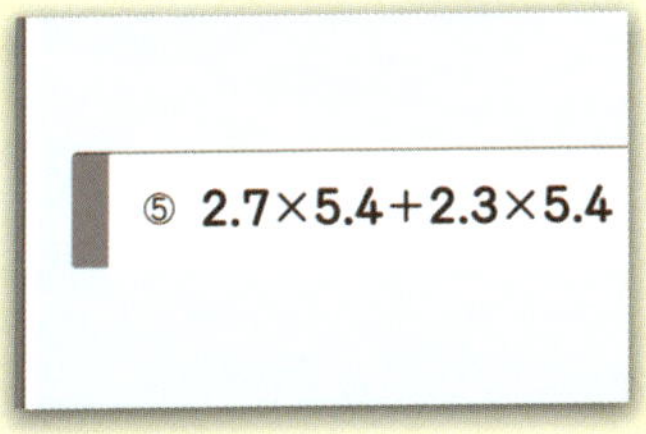

9 計算ドリル 付属教材

ダウンロードプリント（無料サービス）

ダウンロードプリントは、ドリルの採用により無料で利用できるWebサービスです。ユーザー登録をすることで、プリントを必要なだけダウンロードすることができます。

1 算数基礎プリント（1～6年・350枚）

3年　もくじ

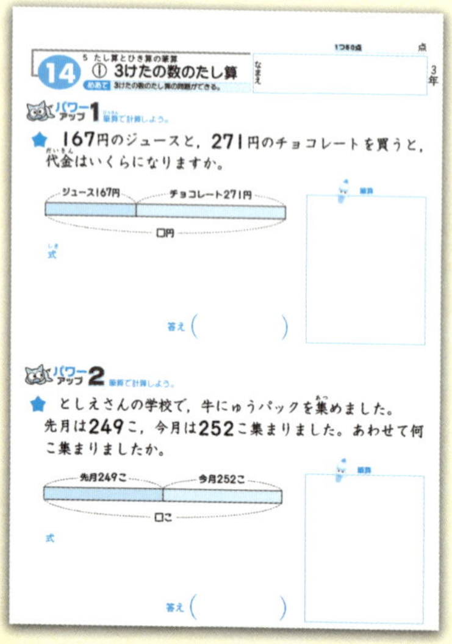

14 5 たし算とひき算の筆算 ① 3けたの数のたし算

1つ50点　点　なまえ　3年

パワーアップ1 筆算で計算しよう。

★ 167円のジュースと，271円のチョコレートを買うと，代金《だいきん》はいくらになりますか。

式

答え（　　　）

パワーアップ2 筆算で計算しよう。

★ としえさんの学校で，牛にゅうパックを集《あつ》めました。先月は249こ，今月は252こ集まりました。あわせて何こ集まりましたか。

式

答え（　　　）

計算領域以外の領域も含めたすべての単元でつくられた基礎重視のプリントです。

算数の苦手分野克服のために使えます。

2 計算プリント（1～6年・381枚）

もくじ　3年

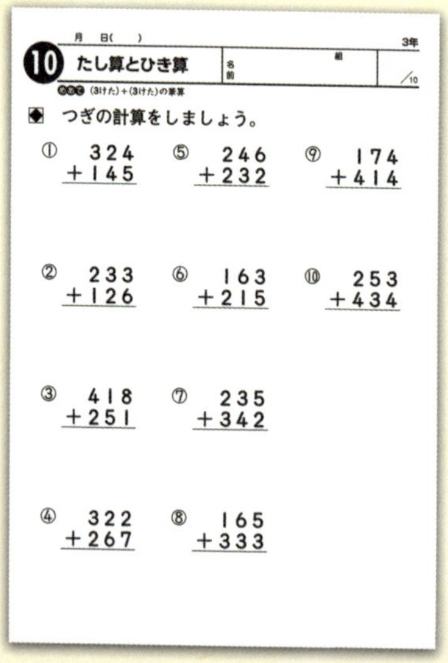

月　日(　　)　3年

10 たし算とひき算　名前　組　／10

めあて (3けた)＋(3けた)の筆算

◆ つぎの計算をしましょう。

① 324＋145　⑤ 246＋232　⑨ 174＋414

② 233＋126　⑥ 163＋215　⑩ 253＋434

③ 418＋251　⑦ 235＋342

④ 322＋267　⑧ 165＋333

計算領域に特化しています。

計算力の定着に効果のある反復練習のためのプリントです。

3 思考力・表現力プリント(1～6年・240枚)

もくじ 3年

単元番号	単元名	関連学年	関連単元
1・2	今の時こくは？	2	時こくと時間
3・4	文に合う図はどれかな？	2	たし算とひき算
5・6	計算のしかた	2	4けたの数
7・8	広さくらべ	2	分数
9・10	長さ調べ	2	長さのたんい
11・12	せつめいしよう	2	三角形と四角形
13・14	理由をせつめいしよう	2	三角形と四角形
15・16	どんな形になるかな？	2	はこの形
17・18	いくつあるかな？	2	三角形と四角形
19・20	のこった１まいのカードは？	3	わり算
21・22	いくつあったかな？	3	かけ算
23・24	重さくらべ	3	重さのたんいとはかり方
25・26	□にあてはまる数①	3	□を使った式
27・28	何人かな？	3	□を使った式
29・30	数を当てよう	3	あまりのあるわり算
31・32	九九の表を見て	3	かけ算
33・34	□にあてはまる数②	3	たし算とひき算の筆算
35・36	数字のカードを使って	3	たし算とひき算の筆算
37・38	大きな数	3	大きい数のしくみ
39・40	□にあてはまる数③	3	たし算とひき算の筆算

＊このプリントは、思考力・表現力を見る問題です。
＊関連学年、関連単元は、一応のめやすです。他の学年、他の単元後に学習できる場合があります。
先生のご判断でお使い下さい。

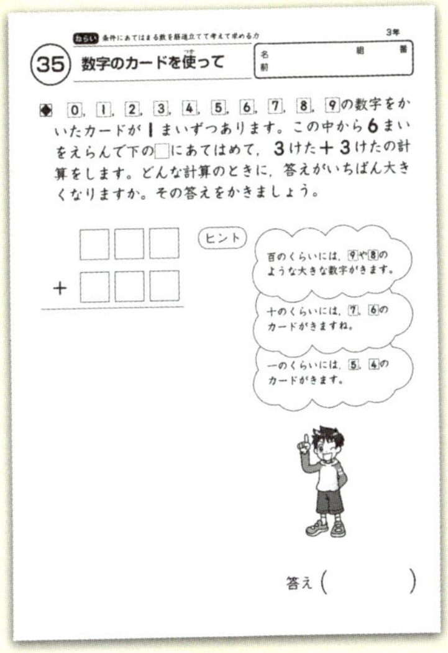

ねらい 条件にあてはまる数を筋道立てて考えて求める力 3年

35 数字のカードを使《つか》って

名前 組 番

◆ 0, 1, 2, 3, 4, 5, 6, 7, 8, 9の数字をかいたカードが1まいずつあります。この中から6まいをえらんで下の□にあてはめて，3けた＋3けたの計算をします。どんな計算のときに，答えがいちばん大きくなりますか。その答えをかきましょう。

□□□
＋□□□

ヒント

百のくらいには，9や8のような大きな数字がきます。

十のくらいには，7，6のカードがきますね。

一のくらいには，5，4のカードがきます。

答え（　　　）

計算ドリルだけでは培うことが難しい発展的な問題や表現力に焦点をあてたプリントです。

4 図形・グラフプリント(3～6年・24枚)

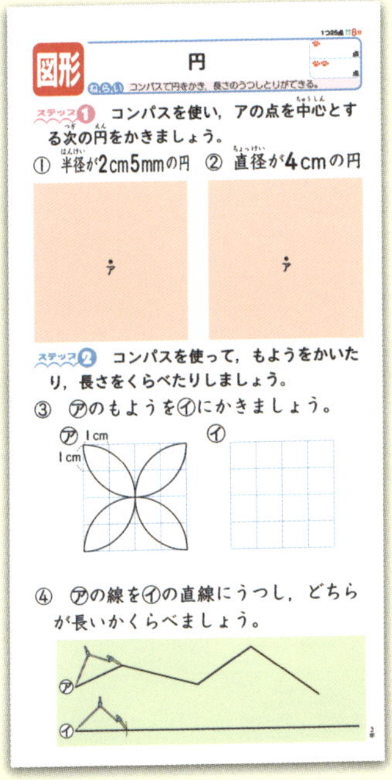

1つ25点 8分

図形 円

点 点

ねらい コンパスで円をかき，長さのうつしとりができる。

ステップ1 コンパスを使い，アの点を中心《ちゅうしん》とする次《つぎ》の円《えん》をかきましょう。

① 半径《はんけい》が2cm5mmの円 ② 直径《ちょっけい》が4cmの円

ア ア

ステップ2 コンパスを使って，もようをかいたり，長さをくらべたりしましょう。

③ ㋐のもようを㋑にかきましょう。

㋐ 1cm 1cm ㋑

④ ㋐の線を㋑の直線にうつし，どちらが長いかくらべましょう。

㋐ ㋑

練習量が不足しがちといわれる図形・グラフの問題をこのプリントで補充できます。

5 領域別系統表(4枚)

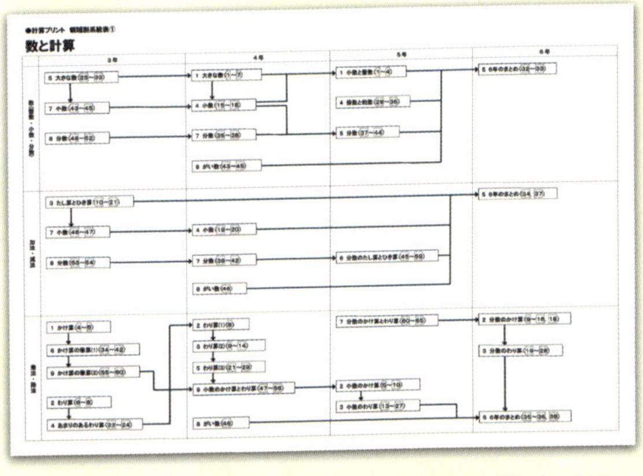

1～6年まで系統的につながっている算数では、前学年の学習内容につまずきが見つかることがあります。領域別系統表は、つまずきの原因をさかのぼってさがすことができる表です。

10 その他

『「学校教材活用法」リーフレット』

本書で扱っている計算ドリルをはじめとした学校教材の特長や使い方は、ベテランの先生にとっては当然のノウハウかもしれませんが、若手の先生方にもきちんと伝わっているでしょうか。
学校教材活用指導法研究会では、これまであまり明示されてこなかった学校教材の活用法をリーフレットにまとめました。校内研修や研究にお役立てください。
無料で配布していますので、ぜひお申し込みください。

★「学校教材活用法」リーフレットのラインナップ

くりかえし漢字ドリル（基本編）

授業→宿題→ミニテストでの漢字ドリルの使い方など。

くりかえし計算ドリル（基本編）

授業→宿題→ミニテストでの計算ドリルの使い方など。

ワークテスト（基本編）

ワークテストの種類と構成、単元の評価までの流れなど。

ドリルとノート指導

宿題のノートの指導、授業で使うノートの指導など。

ドリルの宿題

漢字ドリル・計算ドリルを使った宿題の出し方など。

ワークテストを活用した評価

ワークテストを使った評価のコツ、集計ソフトなど。

朝学習でのドリル活用

朝学習における漢字ドリル・計算ドリルの使い方など。

長期休業の宿題

夏休み・冬休み用の教材を使った宿題の出し方など。

フラッシュ型教材

フラッシュ型教材の使い方や作り方のコツなど。

国語辞典・漢字辞典

辞書指導の進め方や辞書選びのポイントなど。

★リーフレットの内容

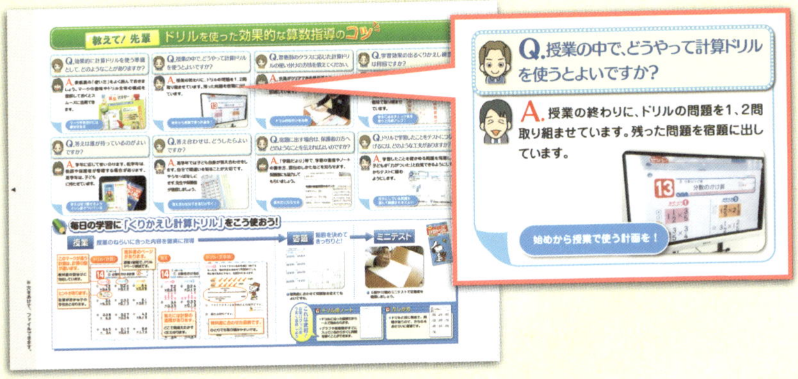

中面の上段はベテラン先生が疑問に答えるQ&A。
下段に教材の活用法が掲載されています。

裏面では、発展的な実践例などを紹介しています。

★リーフレットの活用方法・保管方法

①自分の授業の実践に！　②校内研修や若手教師への指導に！

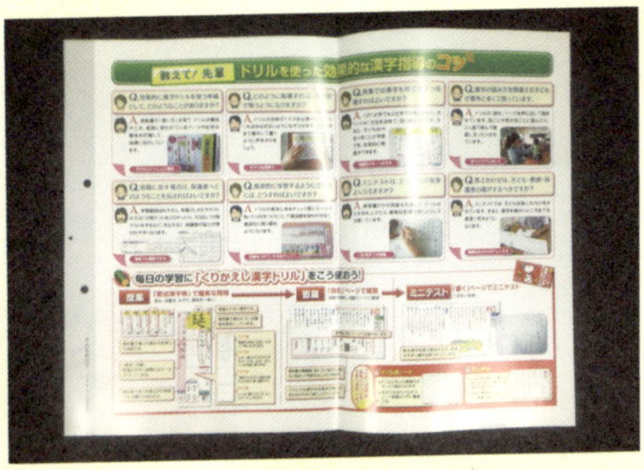

まとめてファイルに綴じて、机に置いておきましょう。ファイルに綴じたまま中面が見られるように作られているので、簡単に見返すことができます。

★リーフレットの入手方法

http://gakko-kyozai.jp/

①学校教材活用指導法研究会のWebサイト

研究会で行っている学校教材活用法セミナーなどの情報も満載です。

②教育同人社特約代理店

教育同人社の教材を扱っている教材販売店から取り寄せることもできます。

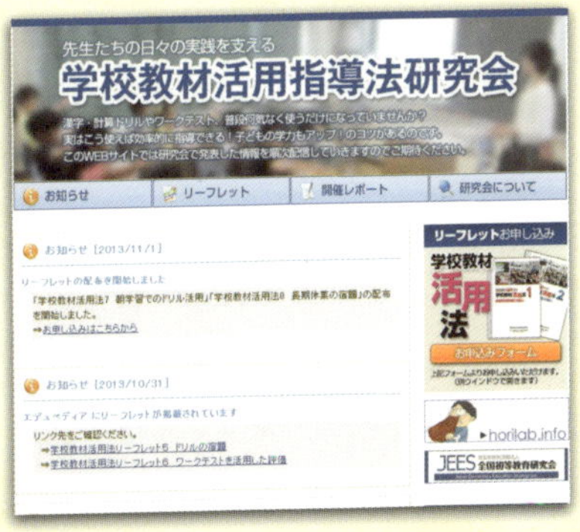

11 その他

『教材カレンダー』

<表面>

1 教材の種類と採択の時期が分かる！

表面は、教材の種類と採択時期を一覧できるカレンダーになっています。年度の初めに採択することのない、夏休み・冬休み・年度末などの季刊教材も載っているので、年間を見通した指導計画を立てることができます。

教材をうまく組み込んで指導計画を立てると、学力向上にもつながります。

2 年間の予算を見通すことができる！

教材カレンダーを見ると、年間の予算も立てることができます。教材を採択する理由、使い方、予算を明確にすると、保護者にも説明がしやすくなります。

<裏面>

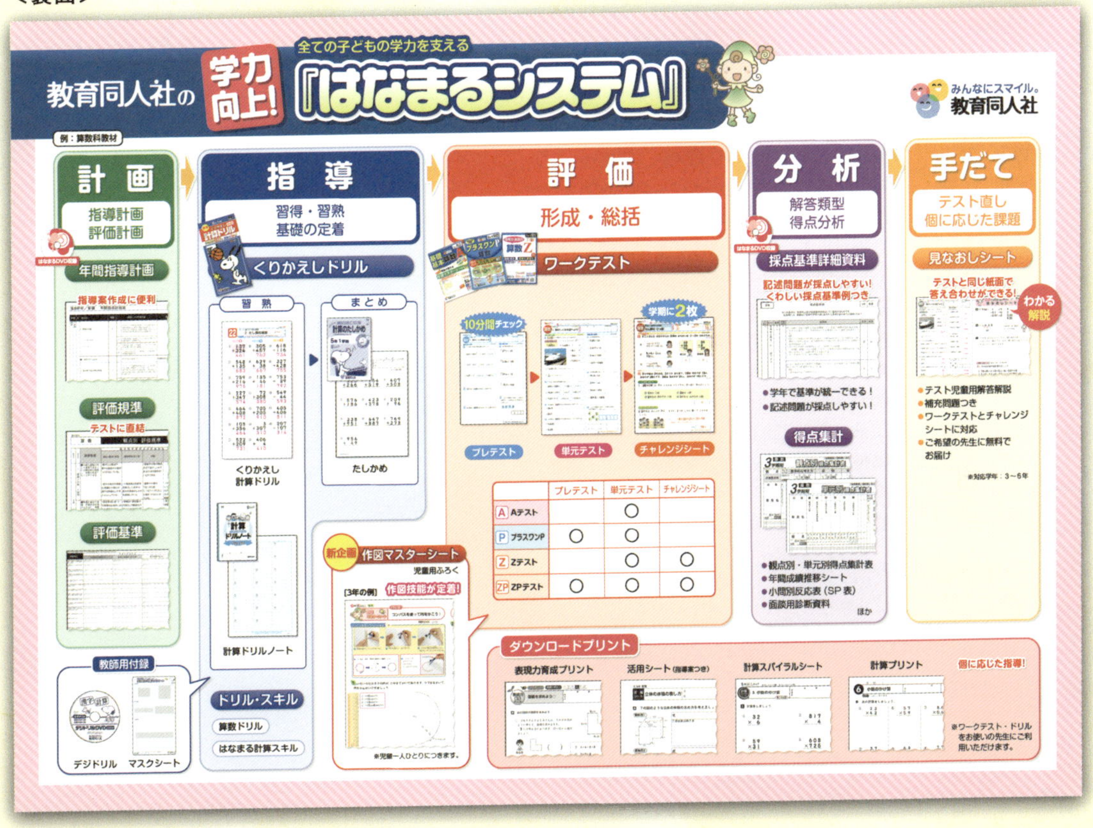

3 教材の役割とつながりを確認できる！

裏面では、教育同人社の『はなまるシステム』について紹介しています。『はなまるシステム』とは、日常の指導と評価を直結させることで、全ての子供の学力が向上すると考えて構築されたシステムです。

「計画→指導→評価→分析→手だて」の流れの中で、それぞれの教材が果たす役割、教材同士のつながりを確認できるので、より効果的に教材を活用することができます。

★『教材カレンダー』の入手方法

●教育同人社特約代理店

教育同人社の教材を扱っている教材販売店から取り寄せることができます。

「学校教材活用指導法研究会」とは…

http://gakko-kyozai.jp/

子供たちの基礎学力を支えている漢字ドリルや計算ドリル、的確な評価を行うためのワークテストといった「学校教材」。それを有効かつ効果的に活用した授業システムを確立させることによって、基礎基本と学び方を身に付けた子供たちを育てたいという思いから、教師と教材出版社が集まった研究会です。
教材の研究、セミナー開催、リーフレットの作成、配布などを手掛けています。

監　修　**堀田　龍也**（ほりた　たつや）　東北大学大学院情報科学研究科・教授

1964年生まれ。東京学芸大学教育学部卒業、東京工業大学大学院社会理工学研究科修了。博士（工学）。
東京都公立小学校・教諭、富山大学教育学部・助教授、静岡大学情報学部・助教授、独立行政法人メディア教育開発センター・准教授、玉川大学教職大学院・教授、文部科学省・参与等を経て、現職。
日本教育工学協会会長。2011年文部科学大臣表彰（情報化促進部門）。専門は教育工学、情報教育。
中央教育審議会初等中等教育分科会教育課程部会「道徳教育専門部会」委員、同「情報活用能力調査に関する協力者会議」委員、同「学校教育の情報化に関する懇談会」委員、同「教育研究開発企画評価会議」協力者等を歴任。
著書に『管理職のための「教育情報化」対応ガイド』（教育開発研究所）、『すべての子どもがわかる授業づくり －教室でICTを使おう』（高陵社書店）、『フラッシュ型教材のススメ』（旺文社）など多数。

執筆者

堀田　龍也　東北大学大学院情報科学研究科・教授
曾我　　泉　東京都練馬区立中村西小学校・主幹教諭
小暮　敦子　東京都三鷹市立第六小学校・主幹教諭
丹野　優子　東京都立川市立第二小学校・主任教諭
遠藤裕美子　東京都世田谷区立山野小学校・主任教諭
吉野　和美　静岡県富士市立丘小学校・主幹教諭
笠原　晶子　前橋市教育委員会青少年課児童文化センター・係長
土井　国春　徳島県三好郡東みよし町立足代小学校・教諭
狩野　絹子　静岡県静岡市立服織小学校・教諭
宮﨑　　靖　富山県砺波市立砺波東部小学校・教諭
渡邉　光浩　宮崎県北諸県郡三股町立三股西小学校・教諭
菅野　牧子　北海道札幌市立山の手南小学校・教諭
大城　智紀　沖縄県国頭郡恩納村立山田小学校・教諭

取材協力

東京都練馬区立中村西小学校
東京都立川市立第二小学校
沖縄県恩納村立山田小学校

資料提供

株式会社教育同人社
チエル株式会社
株式会社エルモ社

監修者以外の所属は、2014年3月31日現在です。

そうだったんだ！学校教材②
ベテラン先生直伝　計算ドリルの活用法
ISBN　978-4-87384-211-0
2014年4月25日　初版発行
監　修　堀田　龍也
著　者　学校教材活用指導法研究会
発行者　森　　達也
発行所　株式会社 教育同人社　www.djn.co.jp
〒170-0013 東京都豊島区東池袋4-21-1アウルタワー2F
TEL 03-3971-5151　Email webmaster@djn.co.jp

装丁・デザイン　エヌ・ピー・エフ株式会社
イラスト　藤田　忍
印刷・製本　図書印刷株式会社